INGLÊS PARA PROFISSIONAIS DE TURISMO

INGLÊS PARA PROFISSIONAIS DE TURISMO

André Fraxino
André Perusso

DISAL
EDITORA

© 2011 André Fraxino e André Perusso
Preparação de texto: Adriana Moretto / Verba Editorial
Arte: Crayon Editorial
  Capa e projeto gráfico: Alberto Mateus
  Edição de arte e diagramação: Jessica Siqueira
Assistente de produção: Noelza Patricia Martins

Dados Internacionais de Catalogação na Publicação (CIP)
(Câmara Brasileira do Livro, SP, Brasil)

Fraxino, André
    Inglês para profissionais de turismo / André Fraxino,
André Perusso. – Barueri, SP : DISAL, 2010.

    ISBN 978-85-7844-068-8

    1. Inglês - Estudo e ensino 2. Turismo - Estudo e ensino
I. Perusso, André. II. Título.

10-13019   CDD-420.7

Índices para catálogo sistemático:
    1. Inglês : Estudo e ensino : Estudantes de turismo 420.7

Todos os direitos reservados em nome de:
Bantim, Canato e Guazzelli Editora Ltda.

Al. Mamoré, 911 - sala 107, Alphaville
06454-040, Barueri - SP
Tel./Fax: 55 11 4195-2811

Visite nosso site: www.disaleditora.com.br

VENDAS
Televendas: (11) 3226-3111
Fax gratuito: 0800 7707 105/106
E-mail para pedidos: comercialdisal@disal.com.br

O que é o Inglês para Profissionais de Turismo

Diferente dos demais livros de inglês para turismo disponíveis no mercado, *Inglês para Profissionais de Turismo* não é um manual de consulta, glossário ou guia de termos. *Inglês para Profissionais de Turismo* é um método de ensino completo, voltado para o mercado do turismo. Com ele você vai aprender a falar, ler e escrever em inglês. O método foi desenvolvido com ênfase na aplicabilidade imediata dos conhecimentos. O que você aprende nas lições poderá ser aplicado imediatamente no seu cotidiano de trabalho. Isso torna o aprendizado mais útil, motivante e fácil para você.

Para quem se destina esse livro

Inglês para Profissionais de Turismo foi desenvolvido para profissionais e estudantes ligados à área do turismo que necessitem do inglês em seu dia a dia. Todas as lições trazem termos e expressões específicas do segmento, expressões úteis e curiosidades relativas à profissão. Se você é um profissional ou estudante da área de turismo e necessita do inglês no seu dia a dia, esse livro é para você!

As vantagens do método Inglês para Profissionais de Turismo

Com o método *Inglês para Profissionais de Turismo*, você vai aprender o inglês voltado para a sua profissão. O livro foi preparado de forma que você possa aplicar os conhecimentos que aprendeu diretamente no seu cotidiano profissional.

• É um método especialmente desenvolvido para a área de turismo.
• Todo o contexto do livro está relacionado a sua realidade profissional.
• Você vai aprender aquilo que vai precisar usar na sua profissão.

Como está estruturado o método

O método *Inglês para Profissionais de Turismo* é dividido em três livros: básico, intermediário e avançado. O livro básico Eles contêm quinze lições, cada uma abordando um tema específico relacionado a um aspecto do turismo — hotel, restaurante, agência de viagens, aeroporto, informações turísticas, clima e geografia, entre outros. As lições contêm atividades direcionadas ao desenvolvimento dos diferentes aspectos da língua — fala, leitura, escrita e compreensão oral. O livro é todo ilustrado e o conteúdo exposto da forma mais clara possível, sempre relacionado ao turismo.

Ao completar o livro 1

Ao completar o livro 1, você deverá ser capaz de compreender uma série de frases e perguntas e manter um diálogo simples, inserido no contexto do turismo. Será capaz também de fornecer informações com certo grau de detalhe e escrever textos e mensagens objetivas.

Como funciona o método

Apesar de poder ser usado individualmente, *Inglês para Profissionais de Turismo* foi desenvolvido para ser acompanhado por um professor. Cada uma das atividades presentes nesse livro tem por objetivo desenvolver uma das quatro características essenciais para o domínio da língua: fala, leitura, escrita e compreensão oral. Vale lembrar que, *Inglês para Profissionais de Turismo* é um método completo, onde você vai aprender a falar, ler e escrever inglês, não apenas frases e termos isolados. Ele abrange todo o conteúdo que os métodos tradicionais de ensino de inglês cobrem, porém com ênfase no turismo.

Como o conteúdo é apresentado

O conteúdo desse livro é apresentado em forma de atividades. Cada atividade tem por objetivo desenvolver determinada característica importante para o aprendizado do inglês. Conheça as atividades que compõem esse livro e quais os objetivos de cada uma:

VOCABULARY: Nessa seção você vai aprender palavras e termos importantes relacionados ao tema da lição.

SPEAKING TO THE TOURISTS: No *speaking to the tourists*, você irá praticar, simulando situações reais, os termos que aprendeu no vocabulário. Geralmente em dupla, nessa atividade você também pratica a conversação.

GRAMMAR: Essa seção constitui a base gramatical do livro. Nela você aprenderá as regras gramaticais de forma simples, direta e com uma série de exemplos e atividades-suporte para facilitar a compreensão.

USEFUL SENTENCES: Você vai aprender algumas frases e expressões importantes, relacionadas ao tema da lição. São expressões muito comuns que você certamente ouvirá em uma conversa real.

LISTENING PRACTICE: Sempre após as *useful senteces* vem o *listening practice*, onde você escutará um diálogo entre dois ou mais personagens do livro. A atividade tem por objetivo desenvolver a capacidade de compreensão oral.

READING ACTIVITY: Tem por objetivo desenvolver a capacidade de compreensão escrita. Serão apresentados textos e artigos, contextualizados com o tema da lição, onde você deverá ler e discutir sobre o tema.

WRITING PRACTICE: Aqui você vai por em prática tudo que aprendeu. Será dado um tema e você terá de escrever um texto curto sobre o assunto.

CONVERSATION SKILLS: Nessa seção, será apresentado um tema em forma de perguntas e você deverá praticar conversação, discutindo o assunto com seus colegas.

INTERESTING FACTS: Os *interesting facts* são feitos para descontrair um pouco, trazendo curiosidades relacionadas ao turismo, em forma de texto ou atividades.

EXERCISES: Desenvolvidos para aprofundar os conhecimentos adquiridos em sala de aula, têm um foco especial na gramática e vocabulário.

Sumário

CADA CAPÍTULO DESSE LIVRO abrange um tema específico relativo ao turismo. Além de vocabulário e expressões, eles trazem um ou mais conteúdos gramaticais.

AGRADECIMENTOS Os autores gostariam de agradecer a todas as pessoas que, direta e indiretamente, participaram na elaboração desse livro. Entre elas, um agradecimento especial aos nossos familiares pelo apoio, Daniel Malanski e Paula Vítola pelas correções e nossos colegas e amigos de longa data: André Almeida, George Stastny, Sandra Simi, Hugo Zeni, Ian Mitsuo e Lucas Lara. Obrigado, amigos!

1

Saying Hello

COMO PROFISSIONAL DE TURISMO você encontrará muitos falantes da língua inglesa. A primeira coisa a aprender é como se apresentar. Vamos ver alguns termos importantes na hora de dizer olá:

Hello — Olá
Good morning — Bom dia
Good afternoon — Boa tarde
Good evening — Boa noite
Good night — Boa noite (antes de dormir)
Thank you — Obrigado(a)
You are welcome — De nada
Nice to meet you — Prazer em conhecê-lo
What is your name? — Qual é o seu nome?
My name is — Meu nome é...
Goodbye — Tchau
Bye-bye! See you — Tchau! Até mais

> **Tip!** Quando nos dirigimos formalmente às pessoas, sem chamá-las pelo nome, usamos Sir (senhor), Madam (senhora) ou Miss (senhorita). Quando sabemos o nome, usamos Mr. (senhor), Mrs. (senhora) ou Miss (senhorita).
> ....
> **EX.:** *Good morning, Mr. Jones. (quando se sabe o nome) Good morning, Sir. (quando não se sabe o nome)*

2 SPEAKING TO THE TOURISTS (LISTENING)

OUÇA ATENTAMENTE O DIÁLOGO abaixo entre dois personagens do nosso livro, Mr. Jones e Mary. Depois, pratique o mesmo diálogo apresentando-se aos seus colegas de curso.

Mary — **Hi! Good morning.**

Mr. Jones — **Hello! Good morning.**

Mary — **What is your name?**

Mr. Jones — **My name is Daniel Jones.**
What is your name?

Mary — **My name is Mary.**

Mr. Jones — **Nice to meet you, Mary.**

Mary — **Nice to meet you too.**

Mr. Jones — **Goodbye, Mary!**

Mary — **Bye-bye. See you!**

Don't Forget!

Em inglês é muito comum utilizarmos a expressão **"too"**, que significa **também**. Por isso, quando alguém diz *"Nice to meet you"*, respondemos *"Nice to meet you too"*.

3 GRAMMAR: SUBJECT PRONOUNS AND VERB TO BE

Os *SUBJECT PRONOUNS* equivalem aos pronomes pessoais do português, e funcionam como sujeitos das frases. O verbo *to be* significa ser/estar e é o verbo mais usado na língua inglesa. Veja como conjugá-lo:

Subject Pronouns		Verb to be / Ser ou estar	
I	Eu	I am	Eu sou/Eu estou
You	Você	You are	Você é/Você está
He	Ele	He is	Ele é /Ele está
She	Ela	She is	Ela é /Ela está
It	Ele/Ela*	It is	Ele ou Ela é/Ele ou Ela está
We	Nós	We are	Nós somos/Nós estamos
You	Vocês	You are	Vocês são/Vocês estão
They	Eles/Elas	They are	Eles são/Eles estão

* Para coisas, animais e lugares

 O verbo *to be* equivale tanto ao verbo ser quanto ao verbo estar, dependendo do contexto.

EX.: *Hi, I **am** Mary. (Oi eu **sou** a Mary)*
*Hi, I **am** here. (Oi, eu **estou** aqui)*

4 EXERCISES

A. Complete the following sentences with the verb *to be* (Complete as frases abaixo com o verbo *to be*).

1. She _____ a student.

2. Mr.Jones _____ a taxi driver.

3. I _____ a teacher.

4. He _____ American.

5. The restaurant _____ nice.

6. Brazil _____ a big country.

7. Kaká _____ a soccer player.

8. Robinho and Ronaldo _____ soccer players.

9. You _____ Brazilian.

10. The hotel _____ very good

B. Translate the following sentences to English (Traduza as frases abaixo para o inglês).

1. Olá, meu nome é Mary. Eu sou estudante.

_____

2. Bom dia, eu sou o Sr. Jones.

_____ ▶

3. Boa noite senhor. Prazer em conhecê-lo!

4. Olá. Qual é o seu nome?

5. Mary é estudante e Sr. Jones motorista de táxi.

6. Eles são estudantes.

5 USEFUL SENTENCES

1. **What do you do?** — O que você faz?
2. **Welcome to...** — Bem vindo a...
3. **Excuse me** — Com licença.
4. **I am sorry** — Sinto muito.
5. **See you later** — Te vejo mais tarde.
6. **How are you?** — Como vai você?
7. **I am fine, thanks** — Eu estou bem, obrigado.
8. **I am great!** — Eu estou ótimo!

6 LISTENING PRACTICE (LISTENING)

A. LEMBRA-SE DOS NOSSOS DOIS PERSONAGENS? Aqui estão novamente. Vamos descobrir um pouco mais sobre o que eles fazem. Ouça o diálogo e, sem ler o texto abaixo, tente identificar quais *useful sentences* aparecem. Depois, ouça novamente acompanhando o texto.

Mr. Jones — **Good morning Mary! How are you?**
Mary — **Good morning Mr. Jones, I am great and you?**
Mr. Jones — **I am fine, thanks.**
Mary — **What do you do?**

Mr. Jones — **I am a taxi driver and you?**

Mary — **I am a tourism student.**

Mr. Jones — **So, welcome to Brazil Mary.**

Mary — **Thank you Mr. Jones!**

B. Agora, em dupla, releia o diálogo acima. Cada aluno é responsável por um personagem.

7 VOCABULARY: THE ALPHABET

O ALFABETO INGLÊS É composto pelas seguintes letras com suas respectivas pronúncias:

A	B	C	D	E	F	G	H	I
ei	*bi*	*ci*	*di*	*i*	*éf*	*di*	*eitch*	*ai*
J	K	L	M	N	O	P	Q	R
djei	*kei*	*él*	*em*	*en*	*ou*	*pi*	*kiu*	*ar*
S	T	U	V	W	X	Y	Z	
és	*ti*	*iu*	*vi*	*dabliu*	*éks*	*uai*	*zi*	

8 CONVERSATION SKILLS: CAN YOU SPELL?

NA SUA PROFISSÃO, você provavelmente terá que soletrar e tomar nota de nomes soletrados a você. Vamos praticar um pouco:

Trabalhe em grupo. Peça para cada um de seus colegas de classe soletrar seus nomes para você (em inglês!) e depois soletre seu nome para cada um deles. Anote o nome soletrado no espaço abaixo. Use as frases abaixo para ajudá-lo:

What is your name? (Qual é o seu nome?)
My name is... (Meu nome é...)
Can you spell it for me, please? (Poderia soletrá-lo, por favor?)

Name: _____

9 EXERCISES

C. Translate the following dialog using the expressions from Lesson 1 (Traduza o diálogo abaixo utilizando as expressões vistas na lição 1).

1. Bom dia, como vai você?

_____

2. Estou bem, obrigado. E você?

_____

3. Estou ótima!

_____

4. Qual é o seu nome?

_____

5. Meu nome é Mary. Qual é o seu nome?

_____

6. Meu nome é Sr. Jones. Prazer em conhecê-la Mary!

_____

7. Prazer em conhecê-lo Sr. Jones.

_____

8. Tchau. Até mais!

_____

2

Everyday Communication

1 VOCABULARY: EVERYDAY COMMUNICATION

ALGUMAS PALAVRAS muito usadas em conversas do dia a dia:

Please — Por favor
Nice — Legal/Bacana
That is OK — Não foi nada
Maybe — Talvez
Pardon — Desculpe
Today — Hoje
Tomorrow — Amanhã
Yesterday — Ontem
Every day — Todo dia
Why — Por que
Because — Porque
Here — Aqui
There — Lá/Ali
This — Esse
That — Aquele

> **Tip!**
> 1. *Pardon* e *excuse me* também são usados quando queremos que alguém repita uma frase ou palavra não entendida: *Excuse me?* (Desculpe?). *Pardon?* (Perdão?). Nessa situação, não se usa *what*, pois pode ser considerado ofensivo.
> ....
> 2. *Why* é utilizado em perguntas e *because* em respostas.
> **EX.:** *Why are you here?*
> (**Por que** você está aqui?)
> *Because I have a test.*
> (**Porque** eu tenho uma prova)

Don't Forget!

Estes são pronomes muito importantes na língua inglesa. Não os esqueça, você ainda vai usá-los bastante!

What — O que
Where — Onde
Who — Quem
When — Quando

 2 SPEAKING TO THE TOURISTS (LISTENING)

NA LÍNGUA INGLESA, as pessoas usam muita informalidade para se comunicar no dia a dia. Por isso é importante conhecer alguns termos e gírias. Seguem alguns exemplos de cumprimentos e despedidas informais:

Hey, man! — E aí, cara!
Cheers — Valeu, saúde
Cool — Legal, bacana
Really? — Sério?
Take care — Se cuide (despedida)
Thanks! — Obrigado, valeu!

Ouça o diálogo abaixo, depois pratique um pouco essas expressões com seus colegas de curso.

Student A: **Hey, man! How are you?**
Student B: **I am OK. Thanks!**
Student A: **What is this?**
Student B: **It is my guitar. I am a musician.**
Student A: **Really? That is cool!**
Student B: **Thanks! What do you do?**
Student A: **I am a taxi driver. That is my taxi.**
Student B: **Cool man!**

3 GRAMMAR: VERB TO BE (INTERROGATIVE FORM)

AO CONTRÁRIO DO PORTUGUÊS, para se fazer perguntas em inglês utiliza-se o verbo na frente do sujeito, invertendo suas posições. Veja o exemplo:

Verb to be – Interrogative form	
Am I?	Eu sou?/Eu estou?
Are you?	Você é?/Você está?
Is he?	Ele é?/Ele está?
Is she?	Ela é?/Ela está?
Is it?	Ele ou ela é?/Ele ou ela está?
Are we?	Nós somos?/Nós estamos?
Are you?	Vocês são?/Vocês estão?
Are they?	Eles são?/Eles estão?

 Observe como na interrogativa, o verbo troca de lugar com o sujeito:
She is a student. *(Ela é uma aluna.)*
Is she a student? *(Ela é uma aluna?)*
You are a guest. *(Você é um hóspede.)*
Are you a guest? *(Você é um hóspede?)*

4 EXERCISES

A. Complete the following sentences with the correct form of the verb to be (Complete as frases abaixo com o a forma correta do verbo *to be*).

1. _____ Mary from England?

2. _____ you from Brazil?

3. _____ Mary a tourism student?

4. _____ Mary and Mr. Jones friends?

5. _____ I a good soccer player?

6. _____ they taxi drivers?

7. What _____ your name?

8. Who _____ you?

9. Where _____ Mr. Jones?

10. How _____ you?

B. Translate the following sentences to English (Traduza as frases abaixo para o inglês).

1. Onde está a Mary?

_____

2. Onde está você?

_____

3. Quem é você?

_____

4. Quem é o Sr. Jones?

_____

5. E aí cara! Como vai você?

_____

6. Valeu cara, se cuide!

_____

5 USEFUL SENTENCES

1. **Nice to see you (again)** — Legal te ver (de novo)
2. **What is this/that?** — O que é isso/aquilo?
3. **Where are you from?** — De onde você é?
4. **I am from...** — Eu sou de (o)...

5. **What is your profession?** — Qual é sua profissão?

6. **How do you say...?** — Como se diz...?

 6 LISTENING PRACTICE (LISTENING)

A. Sr. Jones e Mary se reencontram para uma conversa rápida. Leia o diálogo abaixo e tente completar as lacunas com palavras que você aprendeu nas *useful sentences* acima. Depois, ouça o diálogo e confira suas respostas.

Mr. Jones — **Hello, Mary! What's up?**

Mary — **Hi, Mr. Jones!**

   Nice to _____ **you** _____!

Mr. Jones — _____ **to see you too!**

Mary — **What** _____?

Mr. Jones — **This is a letter from a friend.**

Mary — **Really? Cool!** _____ **is he from?**

Mr Jones — **He is from São Paulo.**

   He is a very nice guy!

B. Agora, em dupla, releia o diálogo acima. Cada aluno é responsável por um personagem.

7 GRAMMAR: DEFINITE AND INDEFINITE ARTICLES

Os artigos são muito importantes para a construção de frases. Em inglês, assim como em português, têm-se os artigos definidos e indefinidos:

Artigos indefinidos: usa-se em referência a um objeto ou pessoa, mas sem especificar quem ou o quê.

a — um/uma   Usado diante de palavras iniciadas em consoantes.

    EX.: *a book, a car, a woman. (um livro, um carro, uma mulher)*

an — um/uma   Usado diante de palavras iniciadas em vogais.

    EX.: *an orange, an indian, an island (uma laranja, um índio, uma ilha)*

Artigo definido: usa-se quando falamos especificamente de um objeto/pessoa.

the — o/a   EX.: *the book, the woman, the car (o livro, a mulher, o carro)*

Don't Forget!

1. Ao contrário do português, na gramática inglesa o artigo não traz distinção de sexo.
   EX.: **a boy** (um menino), **a girl** (uma menina), **the boy** (o menino), **the girl** (a menina).

2. Com palavras que começam com **h** mudo, como hour, usa-se an: **an hour**. Com palavras que começam com **h** aspirado, usa-se a: **a hospital**.

8 VOCABULARY: PROFESSIONS

ABAIXO, SEGUEM ALGUMAS PROFISSÕES importantes relacionadas ao turismo:

Waiter — Garçom
Receptionist — Recepcionista
Agent — Agente
Manager — Gerente
Guide — Guia
Driver — Motorista
Player — Jogador
Clerk — Atendente

Don't Forget!

Quando se quer especificar qual a função que determinado profissional executa, coloca-se a função na frente do nome da profissão. Veja os exemplos:

Travel agent — **Agente de viagens**
Hotel manager — **Gerente de hotel**
Tourism guide — **Guia de turismo**
Soccer player — **Jogador de futebol**
Store clerk — **Atendente de loja**
Hotel receptionist — **Recepcionista de hotel**

9 CONVERSATION SKILLS: WHERE ARE YOU FROM?

COMO PROFISSIONAL DE TURISMO, é muito importante conhecer o nome dos países. Vamos ver o nome de alguns países importantes e suas respectivas bandeiras:

Spain · Switzerland · Canada · Germany

Australia · United States · United Kingdom · Argentina

Agora, com base nos países acima, converse com seus colegas sobre nacionalidades. Use as frases:

> **Where are you from?**
> **I am from...**
> **Nice! I am from...**

10 EXERCISES

C. Translate the dialog using the expressions from Lesson 2 (Traduza o diálogo utilizando as expressões vistas na Lição 2).

1. Olá, Sr. Jones. Qual é a sua profissão?

_____

2. Eu sou motorista de táxi. E você, qual é a sua profissão?

_____

3. Eu sou gerente de hotel.

_____

4. Legal, de onde você é?

_____

5. Eu sou dos Estados Unidos.

_____

6. Bacana! Seja bem vindo ao Brasil.

_____

D. Complete the dialog according to the flags (Complete o diálogo com base nas bandeiras).

Where are you from?

1. *I am from Brazil*   2. _____   3. _____   4. _____

5. _____   6. _____   7. _____   8. _____

E. Complete with a or an (Complete com "a" ou "an").

1 _____ tourist.   7 _____ animal.

2 _____ airport.   8 _____ room.

3 _____ hour.   9 _____ apple.

4 _____ ball.   10 _____ egg.

5 _____ hotel.   11 _____ doctor.

6 _____ restaurant.   12 _____ teacher.

3

Numbers

 1 **VOCABULARY: NUMBERS, NOUNS AND ADJECTIVES. (LISTENING)**

NO SEU TRABALHO você vai usar números o tempo todo. Número de telefones, reservas, endereços etc. Por isso, é muito importante aprendê-los.

Os números de 1 a 20:

1 — **one**	11 — **eleven**
2 — **two**	12 — **twelve**
3 — **three**	13 — **thirteen**
4 — **four**	14 — **fourteen**
5 — **five**	15 — **fifteen**
6 — **six**	16 — **sixteen**
7 — **seven**	17 — **seventeen**
8 — **eight**	18 — **eighteen**
9 — **nine**	19 — **nineteen**
10 — **ten**	20 — **twenty**

> **Tip!**
> 1. Em inglês, o zero em endereços e números de telefone é pronunciado como "ou"
> **EX.:** *3789-0902: three, seven, eight, nine* — **ou,** *nine,* **ou,** *two.*
> 2. Quando há dois algarismos iguais juntos, usa-se a palavra *double* seguida do algarismo.
> **EX.:** *3701-5577: three, seven,* **ou,** *one* — **double** *five,* **double** *seven.*

Substantivos e adjetivos relacionados a números:

Hour — Hora	**Day** — Dia	**Week** — Semana
Month — Mês	**Year** — Ano	**Time** — Tempo
New — Novo	**Young** — Jovem	**Old** — Velho
Big — Grande	**Small** — Pequeno	**Good** — Bom/Bem
Bad — Mau/Ruim	**More or less** — Mais ou menos	**Long** — Longo
Short — Curto	**A bit** — Um pouco	

2 SPEAKING TO THE TOURISTS

AGORA, PRATIQUE O QUE VOCÊ APRENDEU. Trabalhe em duplas. Um aluno dita (em inglês) os números descritos abaixo e o outro anota o que foi ditado. Depois invertem-se as funções.

Dite para seu colega:	Anote as respostas aqui:
1. O número do seu CPF...	
2. O número da sua carteira de identidade...	
3. O CEP da sua casa...	
4. Seu número de telefone...	

3 GRAMMAR: VERB TO BE (NEGATIVE FORM)

ASSIM COMO NO PORTUGUÊS, para construir uma frase negativa com o verbo *to be* em inglês, acrescenta-se not depois da flexão do verbo.

Verb to be — Negative form	
I am not	Eu não sou/Eu não estou
You are not	Você não é/Você não está
He is not	Ele não é/Ele não está
She is not	Ela não é/Ela não está
It is not	Ele ou Ela não é/Ele ou Ela não está
We are not	Nós não somos/Nós não estamos
You are not	Vocês não são/Vocês não estão
They are not	Eles não são/Eles não estão

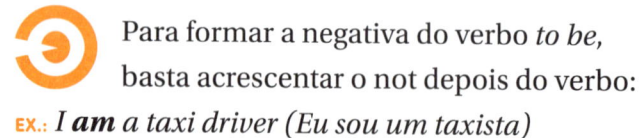 Para formar a negativa do verbo *to be*, basta acrescentar o not depois do verbo:

EX.: *I **am** a taxi driver (Eu sou um taxista)*
*I **am not** a taxi driver (Eu não sou um taxista)*

*She **is** from England (Ela é da Inglaterra)*
*She **is not** from Brazil (Ela não é do Brasil)*

4 EXERCISES

A. Write down the phone numbers below (Escreva por extenso os números de telefone abaixo).

A. 8756-4241: _____

B. 5566-8201: _____

C. 5399-5544: _____

D. 8074-2293: _____

B. Translate the following sentences to English (Traduza as frases abaixo para o inglês).

1. Eu sou jovem.

_____

2. Eu não sou velho.

_____

3. Mary é uma boa aluna.

_____

4. Mary não é uma aluna ruim.

_____

5. Ele é pequeno.

_____

6. Ele não é grande.

_____

5 USEFUL SENTENCES

How old are you? — Quantos anos você tem?

I am ... years old — Eu tenho ... anos.

What is your phone number? — Qual é o seu telefone?

My number is... — Meu número é...

I call you later — Eu te ligo mais tarde.

I am busy — Eu estou ocupado.

 ## 6 LISTENING PRACTICE (LISTENING)

A. SR. JONES E MARY SE ENCONTRARAM NOVAMENTE e o Sr. Jones gostaria de apresentá-la a um de seus amigos. Leia o diálogo abaixo e tente completar as lacunas com palavras que você aprendeu nas *useful sentences* acima. Depois, ouça o diálogo e confira suas respostas.

Mr. Jones: **Hi, Mary! This is my friend Luis Almeida.**

Mary: **Hello, Luis! Nice to meet you!**

Luis: **Hey, what's up Mary? Are you really English?**

Mary: **Yes, sure!**

Luis: **Wow... That's nice!**

Mary: **And you Luis, are you from São Paulo?**

Luis: **Yeah. I am a tourist guide here.**

Mary: _____ **are you?**

Luis: **I am 29** _____ **old.**

Mary: **And you Mr. Jones, how old are you?**

Mr. Jones: _____ **32** _____.

Mary: **Cool! I am 25.**

Mary: **Hey, what is** _____ **Mr. Jones?**
    And your number Luis?

Luis: **My number is 5474-5585.**

Mr. Jones: **And** _____ **is 5684-6694.**

Mary: **Thanks! I call you guys later, OK?**

Mr. Jones and Luis: **OK! Bye-bye Mary!**

B. Agora, em trios, releia o diálogo acima. Cada aluno é responsável por um personagem.

> **Tip!** Mais alguns termos informais muito usados no inglês do dia a dia:
> Guys — Pessoal
> Sure — Com certeza
> What's up — E aí?
> Yeah — Sim

7 VOCABULARY: NUMBERS FROM TWENTY TO A MILLION

OS NÚMEROS de 20 a 1 milhão:

20 — **twenty**

21 — **twenty-one**

22 — **twenty-two**

23 — **twenty-three**

24 — **twenty-four**

25 — **twenty-five**

26 — **twenty-six**

30 — **thirty**

40 — **forty**

50 — **fifty**

60 — **sixty**

70 — **seventy**

80 — **eighty**

90 — **ninety**

100 — **one hundred**

101 — **one hundred and one**

111 — **one hundred and eleven**

120 — **one hundred and twenty**

121 — **one hundred and twenty one**

1000 — **one thousand**

1,000,000 — **one million**

Don't Forget!

Diferente do português, em inglês o termo *million* normalmente não tem plural.
EX.: *One million, two million, three million etc*
A não ser quando seguido de *of* .
EX.: *Millions of people, millions of cars, millions of dollars*

Agora os números ordinais:

First (1st) — Primeiro

Second (2nd) — Segundo

Third (3rd) — Terceiro

Fourth (4th) — Quarto

Fifth (5th) — Quinto

Sixth (6th) — Sexto

Seventh (7th) — Sétimo

Eighth (8th) — Oitavo

Ninth (9th) — Nono

Tenth (10th) — Décimo

> **Tip!** Algumas palavras comumente usadas com números ordinais:
> Place — Lugar
> EX.: He is in the **first place**.
> (Ele está no primeiro lugar)
> Time — Vez
> EX.: Is it the **first time** here, Sir?
> (É a primeira vez aqui, senhor?)
> Floor — Piso/Andar
> EX.: This is the **second floor**.
> (Esse é o segundo piso)
> Class — Classe
> EX.: This is a **first class** ticket. (Esse é um bilhete de primeira classe)

8 EXERCISES

C. Write down the numbers below (Escreva por extenso os números abaixo).

A. 25 _____

B. 40 _____

C. 72 _____

D. 120 _____

E. 200 _____

F. 344 _____

G. 401 _____

H. 450 _____

I. 607 _____

J. 831 _____

K. 1,100 _____

L. 5,000 _____

M. 100,000 _____

N. 234,850 _____

D. Translate the following sentences to English (Traduza as frases abaixo para o inglês).

1. Quantos anos você tem? Eu tenho 32 anos.

_____

2. Quantos anos têm a Mary? Mary tem 25 anos.

_____

3. A Elisabeth Taylor é jovem? Não, ela tem 79 anos.

---

4. Qual é o seu telefone? Meu número é 3253-5204.

---

5. Desculpe, eu estou ocupado. Eu te ligo mais tarde.

---

6. Onde está o Sr. Jones? Ele está no quarto andar.

---

7. Esse é o primeiro andar? Não, esse é o segundo andar.

---

8. Hoje é o primeiro dia do mês.

4

Locations and Directions

1 VOCABULARY: IN THE CITY

NA SUA PROFISSÃO, você vai precisar dar direções constantemente. Portanto, a primeira coisa a fazer é aprender o nome de alguns lugares importantes em uma cidade.

Country — País

Street — Rua

Avenue — Avenida

Bank — Banco

Travel agency — Agência de viagens

Drugstore — Farmácia

Hospital — Hospital

Bus station — Terminal de ônibus

Gas station — Posto de gasolina

City — Cidade

Road — Rua/Estrada

Square — Praça

Supermarket — Supermercado

Post office — Correio

Museum — Museu

Movie theater — Cinema

Bus stop — Ponto de ônibus

Soccer stadium — Estádio de futebol

Don't Forget!

Seguem algumas preposições muito usadas para indicar posições de coisas ou lugares. Memorize, você vai usá-las muito!

Next to ao lado/próximo	**In front of** em frente a	**Behind** atrás do(a)	**Between** entre o(a)	**Across** do outro lado

2 SPEAKING TO THE TOURISTS

Saber dar direções é fundamental quando se lida com turistas. Em dupla, consulte o mapa abaixo e dê as orientações. Use o diálogo abaixo como base, variando os termos.

Student 1: **Excuse me, where is the bank?**
Student 2: **The bank is in front of** the bus stop.

the bank?	the soccer stadium?	in front of
the museum?	the bus station?	behind
the supermarket?	the hospital?	between
		next to

3 GRAMMAR: SIMPLE PRESENT

O SIMPLE PRESENT DESCREVE ações que se realizam no presente. Na maioria dos casos, para conjugar verbos no *simple present*, repete-se sua forma infinitiva. A única alteração ocorre na terceira pessoa (*he, she, it*), onde acrescenta-se "s" ao fim do verbo. Veja os exemplos:

Like / Gostar		Speak / Falar		Live / Viver, Morar	
I like	Eu gosto	I speak	Eu falo	I live	Eu vivo/moro
You like	Você gosta	You speak	Você fala	You live	Você vive/mora
He likes	Ele gosta	He speaks	Ele fala	He lives	Ele vive/mora
She likes	Ela gosta	She speaks	Ela fala	She lives	Ela vive/mora
It likes	Ele ou Ela gosta	It speaks	Ele ou Ela fala	It lives	Ele ou Ela vive/mora
We like	Nós gostamos	We speak	Nós falamos	We live	Nós vivemos/moramos
You like	Vocês gostam	You speak	Vocês falam	You live	Vocês vivem/moram
They like	Eles gostam	They speak	Eles falam	They live	Eles vivem/moram

Existem, porém, algumas exceções à regra. Para alguns verbos, a conjugação na terceira pessoa (*he, she, it*) varia. Não existe uma regra definida para as exceções, é necessário memorizá-las. Veja os exemplos dos verbos *have* (ter), *do* (fazer) e *go* (ir):

Have / Ter		Do / Fazer		Go / Ir	
I have	Eu tenho	I do	Eu faço	I go	Eu vou
You have	Você tem	You do	Você faz	You go	Você vai
He has	Ele tem	He does	Ele faz	He goes	Ele vai
She has	Ela tem	She does	Ela faz	She goes	Ela vai
It has	Ele ou Ela tem	It does	Ele ou Ela faz	It goes	Ele ou Ela vai
We have	Nós temos	We do	Nós fazemos	We go	Nós vamos
You have	Vocês têm	You do	Vocês fazem	You go	Vocês vão
They have	Eles têm	They do	Eles fazem	They go	Eles vão

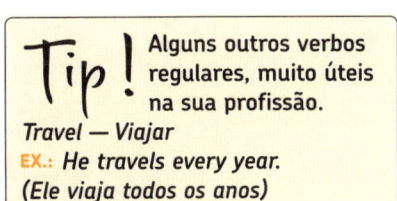

Tip ! Alguns outros verbos regulares, muito úteis na sua profissão.
Travel — Viajar
EX.: *He travels every year.*
(Ele viaja todos os anos)
Work — Trabalhar
EX.: *I work in a hotel.*
(Eu trabalho em um hotel)

Don't Forget!

Nomes próprios sempre indicam terceira pessoa (*he, she, it*).
EX.: *Mary speaks English (she)*
Luis likes soccer (he).
Rex is a good dog (it).

4 EXERCISES

A. Complete the sentences using the most appropriate verb from the list below (Complete as frases usando os verbos mais apropriados da lista abaixo).

1. Mary _____ three languages.

2. I _____ next to the bank.

3. Mr. Jones _____ an English friend.

4. She _____ to the mall everyday.

5. We _____ exercises every week.

6. They _____ to Europe every year.

7. They _____ soccer.

8. I _____ a dream.

9. Charlie _____ in Los Angeles

10. We _____ in Recife.

> DO
> GO
> SPEAK
> LIKE
> HAVE
> LIVE

B. Translate the following sentences to English (Traduza as frases abaixo para o inglês).

1. Eu gosto de futebol. Ela gosta de vôlei.

_____

2. Eles vão ao parque todos os dias.

_____

3. No Brasil nós falamos português, no Canadá eles falam inglês.

_____

4. Eu moro entre o correio e o posto de gasolina.

_____

5. Mary mora atrás do museu, ao lado da farmácia.

_____

5 USEFUL SENTENCES

1. **There is** — Tem, existe.
2. **Is there?** — Tem, existe?
3. **On the right** — À direita.
4. **On the left** — À esquerda.
5. **Go straight** — Siga em frente.
6. **Turn right** — Vire à direita.
7. **Turn left** — Vire à esquerda.
8. **Excuse me, where is the...?** — Com licença, onde é..?
9. **Upstairs** — No andar de cima.
10. **Downstairs** — No andar de baixo.

 ## 6 LISTENING PRACTICE (LISTENING)

A. **MARY ESTÁ EM UM PARQUE CENTRAL DA CIDADE** e precisa de algumas informações. Ouça o diálogo e, sem ler o texto abaixo, tente identificar quais *useful sentences* aparecem. Depois, ouça novamente acompanhando o texto:

Mary: **Excuse me, Sir, where is the bank, please?**

Policeman: **The bank is in front of the mall. Go straight and turn right on the 2nd street. The bank is on the left.**

Mary: **Thank you! Is there a drugstore in the mall?**

Policeman: **Yes, there is. It is on the second floor.**

Mary: **Is there a bus stop next to the mall? I have to go downtown.**

Policeman: **Yes there is. To go downtown, take the bus number 305.**

Mary: **Thank you very much!**

Policeman: **You're welcome. Have a nice day!**

B. Agora, em dupla, releia o diálogo acima. Cada aluno é responsável por um personagem.

7 GRAMMAR: PREPOSITIONS OF PLACE

NO INGLÊS, AS PREPOSIÇÕES *in, on* e *at* podem corresponder tanto a *em*, *no* ou *na*, dependendo da situação em que forem usadas. Vamos ver alguns casos:

IN — Na maioria das vezes, *in* é utilizado quando algo (ou alguém) está dentro de alguma coisa ou lugar.

in the box

in the house

EX.: *in the world, in Brazil, in New York, in the bank, in the mall, in the room, in the car.*

ON — é utilizado quando algo (ou alguém) está sobre/apoiado em alguma superfície.

on the table

on the sofa

EX.: *on the table, on the ceiling, on the wall, on the floor*

AT — é utilizado para indicar que alguém está em um local/localidade específica.

at the bus stop

at reception

EX.: *at work, at the bus station, at home, at the door*

8 EXERCISES

C. Luís está ajudando alguns turistas a se localizarem na cidade. Como ele informaria os turistas? Baseie-se no mapa da página 34. O ponto de partida é a *Globe Travel Agency* (no "X").

EX.: *Luis, where is the bank?*

Go straight, turn right on the main street. The bank is on the left.

1. Luis, where is the supermarket?

_____

2. Luis, where is the hospital?

_____

3. Luis, where is the gas station?

_____

4. Luis, where is the stadium?

_____

D. Complete with *in*, *on* or *at* (*Complete com "in", "on" ou "at"*).

1. The drugstore is _____ the mall.
2. We live _____ Rio de Janeiro.
3. Mary lives _____ England.
4. The post office is _____ the third floor.
5. The book is _____ the table.
6. The clock is _____ the wall.
7. Mr. Jones is _____ the hotel reception.
8. Where is the Park? First street _____ the left.
9. Where is Mary? She is _____ the bus stop.
10. Luis is _____ the bus station _____ front of the bank.
11. Where is the drugstore? It is _____ the 2nd floor _____ the right.
12. I am _____ the bus. The bus is _____ the bus stop.

5

Money and Time

1 VOCABULARY: MONEY AND TIME

MUITOS PROFISSIONAIS DE TURISMO lidam diariamente com dinheiro. Vamos ver alguns termos relacionados a esse tema:

Cash — Dinheiro (espécie)
Bill — Conta (mensal)/nota (dinheiro)
Check — Conta (restaurante), cheque
Bank account — Conta bancária
Change — Troco
ATM — Caixa eletrônico
Currency exchange — Casa de câmbio

Currency — Moeda (do país)
Coin — Moeda (dinheiro)
Withdraw — Saque
Cheap — Barato
Expensive — Caro
Till — Caixa
Tax — Taxa

Check book   Wallet   Till

Credit card   Coin   Cash   ATM

2 SPEAKING TO THE TOURISTS

QUANDO O ASSUNTO É DINHEIRO, é fundamental saber perguntar e responder o preço das coisas. Com base no diálogo abaixo, pratique com seus colegas, substituindo os termos sublinhados pelas expressões do quadro.

Student 1: Excuse me. How much is the <u>ticket</u>?
Student 2: The ticket is <u>R$ 80,00</u>
Student 1: That is <u>expensive</u>! Can I pay with check?

ticket	R$ 80,00	expensive	check
juice	R$ 95,00	cheap	cash
beer	R$ 5,00	OK	credit card
ride	R$ 10,00		coins
t-shirt	R$ 18,00		
check	R$ 12,00		

3 GRAMMAR: SIMPLE PRESENT (INTERROGATIVE FORM)

A EXCEÇÃO DO VERBO *to be* e alguns verbos auxiliares, para se fazer perguntas em inglês, utiliza-se **sempre** o verbo auxiliar *do* antes da pessoa ou pronome. Veja os exemplos:

EX.: *You speak English (forma afirmativa)*
***Do** you speak English? (forma interrogativa)*

Observe que o verbo *do* é usado apenas como auxiliar, servindo somente para indicar que o verbo principal está na forma interrogativa. Ele não tem significado em português (note que na tradução ele é omitido)

EX.: *Do you have change? (Você tem troco?)*

Não esqueça que o auxiliar *do* é um verbo irregular, por isso, na terceira pessoa ele vira *does*. Veja no exemplo como conjugar o verbo *speak* na forma interrogativa.

Speak — Interrogative form	
Do I speak?	Eu falo?
Do you speak?	Você fala?
Does he speak?	Ele fala?
Does she speak?	Ela fala?
Does it speak?	Ele ou Ela fala?
Do we speak?	Nós falamos?
Do you speak?	Vocês falam?
Do they speak?	Eles falam?

Note que, como o *does* já indica que é terceira pessoa, o verbo principal não precisa ser conjugado.

Não se diz "Does she **speaks**?" e sim "Does she **speak**?"

4 INTERESTING FACTS: DO YOU KNOW THE CURRENCIES?

VOCÊ, COM CERTEZA, vai entrar em contato com turistas de diversos países do mundo, e muitos deles trarão consigo moedas diferentes. Conheça algumas das moedas de troca mais importantes do mundo e seus símbolos:

O dólar americano (*US Dollar*) é a moeda mais importante do mundo e base de referência para a troca de moedas.

O euro (*Euro*) foi criado em 1998 e é a moeda padrão adotada por dezesseis países da União Europeia.

A Libra Esterlina (*Pound Sterling*) é a moeda oficial do Reino Unido e uma das mais antigas do mundo.

O Iêne (*Yen*) é a moeda oficial do Japão e referência no mercado asiático.

5 EXERCISES

A. Complete the sentences with the verbs indicated in parentheses (Complete as frases com os verbos indicados entre parênteses).

EX.: **Do** you **have** credit card? (to have)

1. _____ she _____ to travel? (to like)

2. He _____ English and French. (to speak)

3. _____ Mary _____ in Brazil? (to work)

4. Luis _____ Yoga. (to do)

5. _____ Homer _____ in Springfield? (to live)

6. _____ Luis _____ Yoga? (to do)

7. I _____ from Brazil. (to be)

8. _____ Madonna _____ in the USA? (to live)

9. _____ you from Germany? (to be)

10. _____ Daniel _____ a car? (to have)

B. Translate the following sentences to English (Traduza as frases abaixo para o inglês).

1. Você gosta de futebol?

_____

2. O Sr. Jones trabalha hoje?

_____

3. Você tem cartão de crédito?

_____

4. Eu falo inglês. Você fala inglês também?

_____

5. Eles moram no Rio de Janeiro?

_____

6. Você gosta de ir ao cinema?

_____

7. Quanto custa essa camiseta?

_____

8. Onde é o caixa eletrônico?

_____

C. Write the question and the prices according to the example (Escreva as perguntas e os preços de acordo com o exemplo).

EX.:

How much is the watch?
It is one hundred reais.

R$ 100,00

1.

_____?

_____.

R$ 4,00

2.

_____?

_____.

R$ 250,00

45

3.

_____ ?

_____ .

R$ 15,00

4.

_____ ?

_____ .

R$ 7,00

5.

_____ ?

_____ .

R$ 3,00

6.

_____ ?

_____ .

R$ 2,50

7.

_____ ?

_____ .

R$ 2,00

6 USEFUL SENTENCES

1. **What time is it?** — Que horas são?
2. **At what time?** — A que horas?
3. **How much is...?** — Quanto custa...?
4. **What is the price?** — Qual é o preço?
5. **What day is today?** — Que dia é hoje?
6. **How can I help you?** — Como posso ajudá-lo?
7. **How would you like to pay?** — Como você quer pagar?
8. **Can I pay with...?** — Posso pagar com...?

Don't Forget!

Alguns verbos muito úteis para falar de dinheiro e tempo:

Want — Querer
Need — Precisar
Pay — Pagar
Sell — Vender
Buy — Comprar
Change — Trocar

 7 LISTENING PRACTICE (LISTENING)

A. O Sr. Jones está na rodoviária comprando uma passagem. Leia o diálogo abaixo e tente completar as lacunas com palavras que você aprendeu nas *useful sentences* acima. Depois, ouça o diálogo e confira suas respostas.

Mr. Jones: **Good morning.**
Sales person: **Good morning.**
           How _____ help you?
Mr. Jones: **I need to buy a ticket to São**
           Paulo, please.
Sales person: **At _____?**
Mr. Jones: **I want to travel at nine o'clock.**
Sales person: **Am or pm?**
Mr. Jones: **In the morning, please.**
           How _____ is it?
Sales person: **It is eighty reais.**
           _____ to pay?
Mr. Jones: **In cash, please.**
Sales person: **OK, here is your ticket ,Sir. Have a nice trip!**
Mr. Jones: **Thank you very much!**

DESTINATION: SÃO PAULO

OBS.: *Am e pm (ante meridiem and post meridiem) são utilizados em inglês para identificar antes e depois do meio dia, respectivamente. Ex.: 5 pm (cinco da tarde) 7:30 am (sete e meia da manhã).*

B. Agora, em dupla, releia o diálogo acima. Cada aluno é responsável por um personagem.

8 VOCABULARY: SAYING THE TIME AND DATES

A. PARA DIZER AS HORAS EM INGLÊS, usamos a expressão *it is...*

EX.: ***It is*** *five thirty. (são cinco e meia)*

   It is *two fifteen. (são duas e quinze)*

B. Usamos a expressão *o'clock* para dizer uma hora inteira.

EX.: *8:00 — Eight* ***o'clock****.*

   11:00 — Eleven ***o'clock****.*

Watch   Clock

C. Usamos *midday* ou *noon* para meio-dia e *midnight* para meia-noite.

EX.: *12:00 AM — Midday/noon*

   12:00 PM — Midnight

D. Para os demais horários existem duas formas:

8:10 — **Eight ten ou ten past eight.**

8:15 — **Eight fifteen ou a quarter past eight.**

8:30 — **Eight thirty ou half past eight.**

8:45 — **Eight forty five ou a quarter to nine.**

8:50 — **Eight fifty ou ten to nine.**

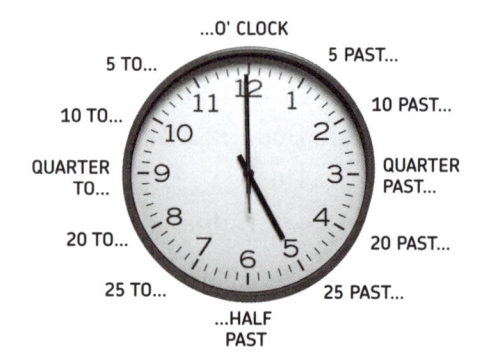

E. Agora vamos ver os dias da semana e os meses do ano:

January — Janeiro	**Sunday** — Domingo
February — Fevereiro	**Monday** — Segunda-feira
March — Março	**Tuesday** — Terça-feira
April — Abril	**Wednesday** — Quarta-feira
May — Maio	**Thursday** — Quinta-feira
June — Junho	**Friday** — Sexta-feira
July — Julho	**Saturday** — Sábado
July — Julho	
August — Agosto	Para dias das semana usamos sempre a preposição **on.**
September — Setembro	EX.: *I work on Saturday.*
October — Outubro	
November — Novembro	Para os meses do ano, usamos sempre a preposição **in.**
December — Dezembro	EX.: *Christmas is in December.*

Don't Forget!

1. Para dizer os anos, divide-se o número em duas dezenas. EX.: *1985 — Nineteen eighty five.*
Obs.: De 2000 em diante, usa-se "two thousand...". EX.: *2009 — Two thousand and nine.*

2. Para os períodos do dia, usam-se as seguintes expressões:
In the morning — de(a) manhã EX.: *Six in the morning (Seis da manhã).*
In the afternoon — de(a) tarde EX.: *I work in the afternoon (Eu trabalho à tarde).*
In the evening/at night — à/da noite EX.: *See you at night (Vejo você à noite).*

9 EXERCISES

D. What time is it? Write the time following the examples (Que horas são? Escreva as horas de acordo com os exemplos).

EX.: *7:30* ***It is seven thirty***

A. 9:00 _____

B. 10:30 _____

C. 12:00 _____

D. 13:15 _____

E. 18:45 _____

F. 19:53 _____

G. 11:31 _____

EX.: *7:30* ***It is half past seven***

H. 11:30 _____

I. 03:45 _____

J. 08:15 _____

K. 06:20 _____

L. 01:10 _____

M. 03:50 _____

N. 10:40 _____

▶

E. Translate the following sentences to English (Traduza as frases abaixo para o inglês).

1. Você trabalha de manhã? Não, eu trabalho à tarde.

_____

2. Que dia é hoje? Hoje é sexta feira.

_____

3. Que horas são? São oito e meia da manhã.

_____

4. O Natal é em dezembro.

_____

5. O Carnaval é em fevereiro.

_____

6. Eu preciso comprar uma camiseta.

_____

7. Você tem troco?

_____

8. Posso pagar com cartão de crédito?

_____

9. Você gosta de viajar em janeiro?

_____

6

The Hotel

1 VOCABULARY: IN THE LOBBY

MUITOS PROFISSIONAIS de turismo trabalham ou lidam com hotéis diariamente. Conheça agora alguns termos importantes sobre o assunto:

Hotel — Hotel
Hostel — Albergue
Inn — Pousada
Bed and breakfast — Pensão
Bungalow — Chalé
Guest — Hóspede
Front office — Recepção
Lobby — Saguão
Front door — Porta principal

Receptionist — Recepcionista
Porter — Carregador de bagagens
Doorman — Porteiro
Chambermaid — Camareira
Cleaner — Faxineiro(a)
Hotel Manager — Gerente do hotel
Barman — Atendente do bar
Trainee — Estagiário
Call — Chamar/Ligar

2 SPEAKING TO THE TOURISTS

UMA DAS ATIVIDADES mais importantes em um hotel é saber informar sobre a disponibilidade de quartos. Pratique, em duplas, simulando a ligação de um possível cliente buscando um quarto.

Siga o diálogo abaixo. Cheque no calendário abaixo se existem vagas e responda apropriadamente.

Student 1: Hotel Park Ville, may I help you?

Student 2: I need **one room** for **Saturday**

Student 1 (SE NÃO HÁ VAGAS): Sorry, we are fully booked for **Saturday**.

Student 1 (SE HÁ VAGAS): OK. We have **one room**. Would you like to make a reservation?

Student 2: Yes, please!

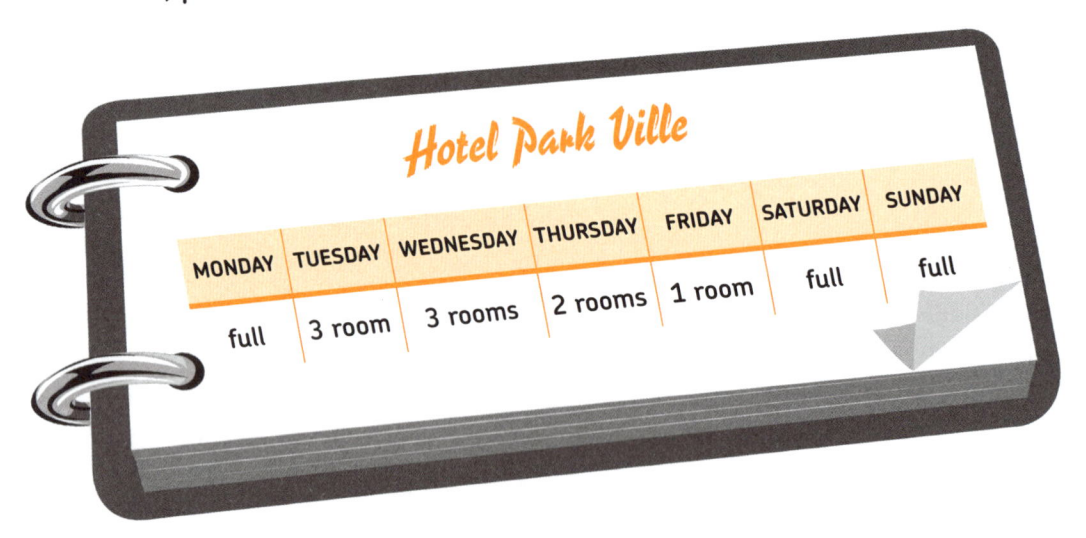

Hotel Park Ville

MONDAY	TUESDAY	WEDNESDAY	THURSDAY	FRIDAY	SATURDAY	SUNDAY
full	3 room	3 rooms	2 rooms	1 room	full	full

3 GRAMMAR: SIMPLE PRESENT (NEGATIVE FORM)

A EXEMPLO DA FORMA INTERROGATIVA, as negativas em inglês também se fazem com o verbo auxiliar *do*:

Verbo auxiliar *do* + *not* + *verbo principal*.

EX.: *I **do not speak** English. (Eu não falo inglês)*

   *She **does not work** in the afternoon. (Ela não trabalha à tarde)*

É muito comum, porém, o uso de contrações:

Do not = don't , Does not = Doesn't

EX.: *I **don't** speak English.*
*She **doesn't** work in the afternoon.*

Vamos ver a conjugação do verbo *speak* na forma negativa:

Speak — Negative form	
I don't speak	Eu não falo
You don't speak	Você não fala
He doesn't speak	Ele não fala
She doesn't speak	Ela não fala
It doesn't speak	Ele ou Ela não fala
We don't speak	Nós não falamos
You don't speak	Vocês não falam
They don't speak	Eles não falam

Assim como na forma interrogativa, na negativa o verbo principal não precisa ser conjugado.
Não se diz "She doesn't **speaks**" e sim "She doesn't **speak**".

4 READING ACTIVITY

A. Leia o texto abaixo, marcando as palavras que você não entendeu

INTERVIEW HIGHLIGHT

This week, Interview Highlight is dedicated to professions. Today we have here Ian, manager of the Green Park Hotel.

⊙ Hello Mr. Ian, nice to meet you! So, you are the manager of the famous Green Park Hotel, right?
Nice to meet you too! That is correct. I am the manager here since 1985.

⊙ Do you like you job Mr. Ian?
Yes, I love it!

⊙ Why do you like it so much?

I love to talk with different people, especially foreigners. I like the cultural interchange.

⊙ Interesting. Do you have a favorite nationality?

Hmmm...not one in particular. I like the Italians and the English, because they are very friendly.

⊙ Nice. Now let's talk about your day. How is your routine? Can you describe a typical day of work here at the Hotel?

Sure. First I help the receptionists with the check-ins. At lunch time, I coordinate the people at the restaurant. In the afternoon I work in my office.

⊙ Wow! You work a lot. Something you don't like about your job?

Hmmm... The paperwork is really boring!

⊙ What can you say to the people that also want to work in a hotel?

You have to work very much, but it is great if you like to meet people from different nationalities.

B. Em grupo, responda as seguintes perguntas:

What is the name of the hotel where Ian works?

How long does Ian work at the hotel?

Does he like to work at the hotel? Why?

What is the first thing that Ian does at work?

What does he not like to do?

---

5 **EXERCISES**

A. Answer the questions with negative sentences (Responda as perguntas com frases na negativa).

EX.: *Do you speak English?* ***No, I don't speak English.***

---

1. Does she speak French?

_____

2. Does Mr. Jones live in England?

_____

3. Do you have vacancies?

_____

4. Do you like Japanese food?

_____

5. Is he Mr. Jones?

_____

B.Translate the following sentences to English (Traduza as frases abaixo para o inglês).

1. Eu não trabalho em um albergue.

_____

2. A Mary não trabalha em uma pousada.

_____

3. O hotel não tem academia.

_____

4. O hotel tem piscina, mas não tem academia.

_____

5. Ian é o recepcionista? Não, ele é o gerente.

_____

6. A Mary é brasileira? Não, ela não é brasileira. Ela é inglesa.

_____

6 USEFUL SENTENCES

1. **Can/May I help you?** — Posso ajudar-lhe?
2. **Do you have a reservation?** — Você tem reserva?
3. **Do you have vacancies?** — Vocês têm vagas?
4. **I would like a room** — Eu gostaria de um quarto.
5. **We are fully booked** — Estamos lotados.
6. **How many nights?** — Quantas noites?
7. **When is the check out?** — Quando é o *check out*?
8. **Just a minute, please** — Só um minuto, por favor.
9. **Have a nice stay** — Tenha uma boa estadia.
10. **I will call the manager** — Eu vou chamar o gerente.

 ## 7 LISTENING PRACTICE (LISTENING)

A. **Sandra é uma amiga inglesa de Mary.** Ela acabou de chegar de viagem e precisa de um quarto de hotel. Ouça o diálogo e, sem ler o texto abaixo, tente identificar quais *useful sentences* aparecem. Depois ouça novamente acompanhando o texto.

Ian: **Good morning! May I help you?**
Sandra: **Good morning! I would like a room.**
Ian: **Do you have a reservation?**
Sandra: **Sorry, I don't. Do you have vacancies?**
Ian: **Yes, we do. How many nights?**
Sandra: **Three nights. From Monday to Thursday.**
Ian: **OK. What is your name?**
Sandra: **My name is Sandra Zeni.**
Ian: **OK, Miss Zeni, welcome to our hotel. Just a minute please, I will call the manager to do the check-in.**
Sandra: **Thank you very much!**
Ian: **Enjoy your stay!**

B. Agora, em dupla, releia o diálogo acima. Cada aluno é responsável por um personagem.

> 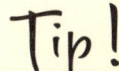 **Tip!** Assim como no português, no inglês também podemos dar respostas curtas, omitindo o objeto da frase e respondendo apenas com o verbo auxiliar.
>
> **EX.:** *Do you have a reservation? Sorry, I don't have a reservation (forma longa)*
> *Do you have a reservation? Sorry, I don't (forma curta)*

8 CONVERSATION SKILLS: IN THE HOTEL ROOM

AGORA VAMOS dar uma olhada dentro de um quarto do hotel e conhecer alguns itens presentes nele:

Air conditioner — Ar condicionado
Bed — Cama
Towel — Toalha
Sheets — Lençóis
Desk — Escrivaninha
Pillow — Travesseiro
Balcony — Sacada
Wardrobe — Armário
TV — Televisão
Cable TV — TV a cabo
Mini bar — Frigobar
Remote — Controle remoto
Shower — Chuveiro/Ducha
Bathtub — Banheira
Alarm Clock — Despertador

Agora converse com seus colegas. Que itens você encontraria em um quarto de hotel com...

1 ESTRELA ★   3 ESTRELAS ★ ★ ★   5 ESTRELAS ★ ★ ★ ★ ★

Don't Forget!

Conheça os diferentes tipos de quarto de um hotel:

Single — Quarto de solteiro.
Double (with two single beds) — Quarto duplo (com duas camas de solteiro).
Double (with a double bed) — Quarto duplo (com uma cama de casal).
Triple — Quarto triplo.
Shared — Quarto compartilhado.

9 EXERCISES

C. Answer the client's questions with a positive or negative answer, according to the examples (Responda as perguntas dos clientes na forma positiva ou negativa, de acordo com os exemplos):

EX.: *Good morning! Do you have vacancies?* (NEGATIVE)
  Sorry, we don´t have vacancies.
EX.2: *Hello! Do you have a room with cable TV?* (AFFIRMATIVE)
  Sure, we have a free room with cable TV.

1. Good evening! Do you have a room with balcony, please? (NEGATIVE)

----

2. Excuse me. Do you have a double room for Saturday, please? (AFFIRMATIVE)

----

3. Hi. Do you have parking valet in this hotel? (NEGATIVE)

----

4. Excuse me. Is there an air conditioner in the room? (NEGATIVE)

D. Give short affirmative or negative answers to the questions below (Dê respostas curtas, afirmativas ou negativas, para as perguntas abaixo).

EX.1: *Do you have vacancies for today?* (NEGATIVE)
  No, we don't .
EX.2: *Do you have vacancies for tomorrow?* (AFFIRMATIVE)
  Yes, we do.

1. Does the double room have air conditioner? (NEGATIVE)

----

2. Do you have a free triple room for tomorrow? (AFFIRMATIVE)

_____

3. Do you need an extra bed, Sir? (NEGATIVE)

_____

4. Can you call the manager please? (AFFIRMATIVE)

_____

5. Are you fully booked for next weekend? (AFFIRMATIVE)

_____

E. Select the most appropriate hotel style, room size and room items, according to the guest's profiles (De acordo com os perfis dos hóspedes, escolha o tipo de hotel, quarto e itens mais apropriados)

EX.: *50 years old man, company executive, travel on business.*
   5 star hotel, single room with double bed, air conditioning, mini bar, cable TV and a balcony.

1. 19 years old guy, student, travels on holidays.

_____

2. 29 years old couple, small business owner, travels in a romantic weekend.

_____

3. 69 years old woman, retired, travels to visit family.

_____

4. 53 years old couple, business executives, travels on holidays.

_____

7

The Restaurant

1 VOCABULARY: IN THE RESTAURANT

A GASTRONOMIA É, certamente, um importante componente do turismo. Portanto, vamos conhecer algumas palavras essenciais relativas à restaurantes:

Breakfast — Café da manhã
Lunch — Almoço
Dinner — Jantar
Snack — Lanche
Fork — Garfo
Knife — Faca
Spoon — Colher
Glass — Copo
Cup — Xícara
Plate — Prato
Waiter — Garçom
Waitress — Garçonete
Food — Comida
Meal — Refeição
Appetizer — Aperitivo
Main course — Prato principal
Dessert — Sobremesa
Cook — Cozinheiro

Agora, conheça o nome da alguns alimentos comumente servidos em restaurantes:

Soft drink — Refrigerante
Juice — Suco
Wine — Vinho
Beer — Cerveja
Water — Água
Beef — Carne bovina
Pork — Carne suína
Chicken — Frango
Lamb — Carneiro
Fish — Peixe
Sausage — Salsicha

Shrimp/Prawn — Camarão
Pasta — Massa/Macarrão
Soup — Sopa
Potato — Batata
Tomato — Tomate
Onion — Cebola
Lettuce — Alface
Garlic — Alho
Apple — Maçã
Orange — Laranja

EGG   MILK   CHEESE   SAUSAGE

BEEF   FISH   CHICKEN   BREAD

RICE   POTATO   ONION   CORN

CARROT   STRAWBERRY   LEMON   WATERMELON

PINEAPPLE   ORANGE   APPLE   GRAPE

2 GRAMMAR: WOULD, CAN AND COULD

Would: O *would* é um verbo auxiliar, que altera o sentido do verbo principal. Equivale, no português, a terminação "ria". Note que o *would* vem sempre acompanhado de outro verbo.

EX.: I **would like** — *Eu gostaria.*

I **would travel** — *Eu viajaria.*

He **would know** — *Ele saberia.*

Can e Could: *Can* é um verbo auxiliar que significa poder. Já o *could*, é usado com mais formalidade, e significa poderia.

EX.: **Can** I **have** a table? — *Posso ter uma mesa?*

Could I **have** a napkin? — *Poderia ter um guardanapo?*

Don't Forget!

Diferente do português, no inglês as expressões *lunch, dinner e breakfast* são usadas junto com o verbo *have*.

EX.: *Did you **have lunch** today?*

*She always **has dinner** after 8 pm.*

> **Tip!** Algumas frases úteis relacionadas a *can* e *could*, muito usadas por turistas estrangeiros:
> *I would like... — Eu gostaria...*   *I will have... — Eu vou querer...*
> *Can I have...? — Poderia me servir/dar...?*   **Do you have? — Você tem... ?**
>
> E suas possíveis respostas...
> *I would like to order — **Yes, sir.***   *I will have a coke, please — **OK, in a minute.***
> *Can I have the menu? — **Sure.***   *Do you have mustard? — **Sorry, we don't have.***

Don't Forget!

Alguns outros verbos muito úteis em restaurantes:

Order — *Pedir, ordenar*   **Eat** — *Comer*

Wait — *Esperar*   **Sit** — *Sentar*

3 SPEAKING TO THE TOURISTS

AGORA PRATIQUE AS FRASES E PALAVRAS que você aprendeu em uma simulação. Um aluno é o garçom e o outro é o cliente. Siga o diálogo, substituindo as palavras sublinhadas pelos termos do quadro abaixo:

▶

Student 1: **Welcome to our Restaurant. Can I take your order?**
Student 2: **Yes, sure. I would like the <u>beef</u> with <u>onions</u> and <u>tomato</u> salad.**
Student 1: **Would you like something to drink?**
Student 2: **Yes. Can I have a <u>coke</u> please?**
Student 1: **Sure. In a minute, Sir.**

Beef	Pasta	Lettuce	Coke
Pork	Potato	Tomato	Juice
Chicken	Onion	Cabbage	Wine
Fish	Garlic	Spinach	Beer

Obs.: Crie outras combinações de pratos com as demais palavras do vocabulário!

4 EXERCISES

A. Translate the following sentences to English (Traduza as frases abaixo para o inglês).

1. Eu quero camarões com alho e uma cerveja, por favor.

_____

2. Nós temos suco de morango, abacaxi, limão e laranja.

_____

3. Nós não temos sopa hoje senhor, me desculpe.

_____

4. Gostaria de sobremesa? Nós temos sorvete de morango, abacaxi e chocolate.

_____

5. Eu vou querer o macarrão com frango. Para beber, uma Coca-Cola.

_____

B. Complete the sentences with *would, can* or *could* (Complete as frases com *would, can* ou *could*).

1. _____ I have the pasta with chicken?
2. I _____ like the lamb with spinach.
3. _____ I have the menu?
4. The restaurant is empty, so the waiter _____ go now.
5. _____ you explain me the exercise again?

5 USEFUL SENTENCES

1. **May I help you?** — Posso ajudá-lo?
2. **Can I take your order?** — Posso anotar seu pedido?
3. **Do you need help?** — Você precisa de ajuda?
4. **Would you like to order?** — Você gostaria de fazer o pedido?
5. **Anything else?** — Mais alguma coisa?
6. **Just a moment** — Só um momento.
7. **Would you like something to drink?** — Você gostaria de algo para beber?
8. **Would you like another... ?** — Você gostaria de mais um(a)...?
9. **Can I have the check please?** — Poderia ver a conta, por favor?
10. **Where is the toilet?** — Onde é o banheiro?

6 LISTENING PRACTICE (LISTENING)

A. MARY E SANDRA SAÍRAM PARA JANTAR EM UM RESTAURANTE. Leia o diálogo abaixo e tente completar as lacunas com palavras que você aprendeu nas *useful sentences* acima. Depois ouça o diálogo e confira suas respostas.

Waiter: **Hello, good evening!** _____ help _____?
Mary: **Good evening! Can we have the menu?**
Waiter: **Sure, just a moment... Here it is.** _____ order?
Mary: **Yes, sure. I would like to have the chicken and a tomato salad.**
Sandra: **And I would like beef with onions and French fries.**

▶

Waiter: **OK. Would** _____ **to drink?**
Mary: **I will have a coke on ice.**
Sandra: **And I want a lemon juice.**

After having dinner...

Mary: **Excuse me. Can** _____ **the check,**
_____**?**
Waiter: **Sure, in a moment. The check is R$ 68,00.
How would you like to pay?**
Mary: **In cash. Here it is. Keep the change!**
Waiter: **Thank you very much and good evening.**
Mary and Sandra: **Good evening.**

B. Agora, em dupla, releia o diálogo acima. Cada aluno é responsável por um personagem.

7 CONVERSATION SKILLS: WHAT IS YOUR FAVOURITE FOOD?

QUAL É A SUA COMIDA FAVORITA? Vamos dar uma olhada nos diferentes tipos de culinária e seus nomes em inglês:

Italian food — Comida italiana
Chinese food — Comida chinesa
Mexican food — Comida mexicana
French food — Comida francesa
Japanese food — Comida japonesa
Arab food — Comida árabe
German food — Comida alemã
Indian food — Comida indiana

Agora converse com seus colegas sobre os diferentes tipos de culinária. Alguns exemplos para lhe ajudar:

> **What is your favourite kind of food? Why?**
> **Do you go often to ... restaurants?**
> **Can you prepare any ... dish? Which one?**

8 WRITING PRACTICE

AGORA É SUA VEZ! Escreva um texto falando um pouco sobre seu restaurante favorito. Fale o nome do restaurante, onde fica, que tipo de comida ele serve e o seu prato favorito.

My favorite restaurant is....

---

9 INTERESTING FACTS: BRAZILIAN TYPICAL FOODS

VOCÊ SABE O NOME DAS COMIDAS TÍPICAS BRASILEIRAS EM INGLÊS? Confira algumas:

Feijoada
Black beans stew with pork

Arroz e feijão
Rice and beans

Churrasco
Barbecue

Pão de queijo
Cheese bread

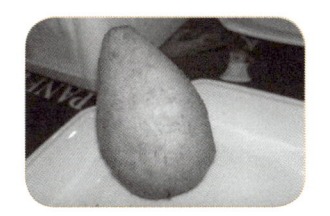

Coxinha
Chicken croquette

Pastel
Pasty

10 EXERCISES

C. Translate the dialogs to English (Traduza os diálogos para o inglês).

1. Posso anotar seu pedido? Eu quero o peixe com arroz e uma cerveja, por favor.

_____

2. Gostaria de algo para beber? Nós temos suco de limão e laranja.

_____

3. Posso ter a conta, por favor? Sim, são R$95. Como você gostaria de pagar?

_____

4. Eu quero uma taça de vinho. Mais alguma coisa? Sim, um copo de água também.

_____

5. Com licença, onde é o banheiro? O banheiro é próximo ao bar.

_____

6. Você gostaria de fazer o pedido? Sim, eu gostaria de uma feijoada.

_____

7. Posso ajudá-lo? Sim, poderiamos ter o menu? Só um minuto, senhor.

_____

8. Gostaria de um café, ou sobremesa? Não, muito obrigado.

_____

8

The Airport

MUITOS TURISTAS UTILIZAM O AVIÃO COMO MEIO DE TRANSPORTE. Por isso, é importante conhecer alguns termos relativos ao aeroporto:

Airport — Aeroporto	**Airplane** — Avião
Flight — Voo	**Flight ticket** — Passagem aérea
Aisle seat — Assento no corredor	**Window seat** — Assento na janela
Pilot — Piloto	**Gate** — Portão
Departure — Partida	**Arriving** — Chegada
Landing — Aterrissagem	**Take off** — Decolagem
Check-in desk — Balcão da cia. aérea	**Boarding card** — Cartão de embarque
Executive class — Classe executiva	**Economy class** — Classe econômica
Flight attendant — Aeromoça	**Airline company** — Cia. aérea

Don't Forget!

Verbos importantes quando o assunto for aeroporto:

Fly — Voar, pilotar
Board — Embarcar
Arrive — Chegar
Leave — Partir

2 SPEAKING TO THE TOURISTS

EM DUPLA, ajude os turistas dando informações sobre seus voos. Um aluno é o passageiro e o outro fornece as informações. Para cada cartão de embarque (de 1 a 4), responda as seguintes perguntas:

a. What is my departure and arriving time?
b. What is my gate number?
c. What is my seat number?
d. Is my seat window or aisle? *(A and F seats are window)*
e. Is my ticket business or economy?

1 — TAM
Voo: 877
Partida: 8h30
Chegada: 11h30
Portão: 6
Assento: 18A
Classe Econômica

2 — GOL
Voo: 554
Partida: 18h00
Chegada: 21h10
Portão: 2
Assento: 21C
Classe Econômica

3 — VARIG
Voo: 122
Partida: 10h20
Chegada: 19h50
Portão: 7
Assento: 4D
Classe Executiva

4 — WEBJET
Voo: 122
Partida: 14h45
Chegada: 20h00
Portão: 12
Assento: 13F
Classe Econômica

3 GRAMMAR: POSSESSIVE ADJECTIVES AND POSSESSIVE PRONOUNS

Os *POSSESSIVE ADJECTIVES* equivalem aos pronomes possessivos do português. Eles fazem referência à posse e têm relação direta com os pronomes pessoais. Veja a tabela:

Subj. Pronouns	Possessive adj.
I	My (meu)
You	Your (seu)
He	His (dele)
She	Her (dela)
It	Its (dele/dela)
We	Our (nosso)
You	Your (seus)
They	Their (deles)

 Os possessive adjectives são sempre seguidos por um substantivo.

EX.: *This is **my flight ticket.***

***Her plane** is delayed.*

***Your gate** is number 5.*

Quando não forem imediatamente seguidos de substantivo, usam-se outros tipos de artigos possessivos, que em inglês chamam-se *possessive pronouns*. Veja a tabela abaixo:

Subject Pronouns	Possessive adjectives	Possessive pronouns
I	My (meu)	Mine (meu)
You	Your (seu)	Yours (seu)
He	His (dele)	His (dele)
She	Her (dela)	Hers (dela)
It	Its (dele/dela)	–
We	Our (nosso)	Ours (nosso)
You	Your (seus)	Yours (seus)
They	Their (deles)	Theirs (deles)

Quando o artigo possessivo não for seguido por substantivo, usam-se os *possessive pronouns*:

EX.: *This is **my seat**. (possessive adjective)*

*This **seat** is **mine**. (possessive pronoun)*

*This is **your ticket**. (possessive adjective)*

*This **ticket** is **yours**. (possessive pronoun)*

4 INTERESTING FACTS: BUSIEST AIRPORTS IN THE WORLD

VOCÊ SABE QUAIS SÃO OS AEROPORTOS MAIS MOVIMENTADOS DO MUNDO? E do Brasil?

BUSIEST AIRPORTS IN THE WORLD.

Airport	Country	Passengers*
Atlanta	USA	90 million
Chicago	USA	69 million
London	England	67 million
Tokyo	Japan	66 million
Paris	France	61 million
Los Angeles	USA	59 million
Dallas	USA	57 million
Beijing	China	55 million
Frankfurt	Germany	53 million

*passangers per year in 2009

BUSIEST AIRPORTS IN BRAZIL.

Airport	Passengers*
São Paulo – Guarulhos	20,4 million
São Paulo – Congonhas	13,7 million
Rio de Janeiro – Galeão	10,7 million
Brasília	10,3 million
Salvador	6,0 million
Porto Alegre	5,2 million
Recife	4,9 million
Belo Horizonte	4,7 million
Curitiba	4,2 million

*passangers per year in 2009

5 EXERCISES

A. Translate the following sentences to English (Traduza as frases abaixo para o inglês).

1. Meu voo parte às sete da noite.

_____

2. O voo dela chega às oito da manhã.

_____

3. O seu voo parte amanhã às duas da tarde, senhor.

_____

4. Você prefere um assento na janela ou no corredor?

_____

5. O número do meu voo é 122. Qual é o número do seu voo?

_____

B. Complete the sentences with the correct possessive adjective. (Complete as frases com o adjetivo possessivo correto).

EX.: *Judith is a flight attendant. She loves **her** job.*

1. John is a pilot. He really likes _____ job.

2. Mario and Luigi work in the airport. They love _____ job.

3. Luis is a tourist guide. He likes _____ job very much.

4. Do you like _____ job? Yes! I love _____ job!

C. Complete the sentences with the correct possessive pronoun. (Complete as frases com o pronome possessivo correto).

EX.: *It's my flight ticket. The flight ticket is **mine**.*

1. It's her baggage. The baggage is _____.

2. It's our job. The job is _____.

3. It's my seat. The seat is _____.

4. It's their money. The money is _____.

5. It's his passport. It's _____.

6. It's your boarding card. It's _____.

D. Based on the subject pronoun in parenthesis, complete the sentences with the correct possessive (Com base no pronome pessoal entre parênteses, complete as frases com o possessivo correto).

EX.: *This bag is not **mine**. It has **your** name. (I/you)*

1. This passport is not _____. This passport is blue, and _____ passport is red. (I/I)

2. Hey, these are _____ seats! Excuse me Sir, these seats are _____. (WE/WE)

3. This window seat is _____. _____ seats are aisle seats. (SHE/WE)

4. _____ ticket is here. Where is _____? (HE/YOU)

6 USEFUL SENTENCES

1. **Your flight number is...** — O número do seu voo é...
2. **Your seat is...** — Seu assento é...
3. **Your boarding time is...** — Seu horário de embarque é...
4. **Your gate number is...** — O número do seu portão é...
5. **Do you have luggage to dispatch?** — Você tem bagagem para despachar?
6. **May I see your passport?** — Posso ver seu passaporte?
7. **May I see your visa?** — Posso ver seu visto?
8. **May I see your ticket?** — Posso ver sua passagem?

 ## 7 LISTENING PRACTICE (LISTENING)

A. **Sandra Zeni está voltando para seu país** e precisa fazer o check-in no aeroporto. Ouça o diálogo e, sem ler o texto abaixo, tente identificar quais *useful sentences* aparecem. Depois ouça novamente acompanhando o texto.

Sandra: **Good afternoon.**
Airline employee: **Good afternoon. May I see your ticket and your passport please?**
Sandra: **Sure. Here it is.**
Airline employee: **Hello Miss Zeni. You are flying to London, right?**
Sandra: **Yes I am.**
Airline employee: **Do you have luggage to dispatch?**
Sandra: **Yes, I have one bag.**
Airline employee: **OK.... Here is your boarding card. Your flight number is JJ8998, your gate number is three and your seat number is forty one A.**
Sandra: **Is it an aisle or window seat?**
Airline employee: **It is a window seat. Oh....and your boarding time is twenty past five.**
Sandra: **Great. Thank you very much!**
Airline employee: **You're welcome Miss Zeni. Have a good flight!**

B. Agora, em dupla, releia o diálogo acima. Cada aluno é responsável por um personagem.

Tip! Algumas frases importantes para quando se está dentro do avião:

Remain seated — Permaneçam sentados.
Return to your seats — Retornem aos seus assentos.
Fasten your seatbelts — Afivelem seus cintos de segurança.
Return your seat to the upright position — Retornem seus assentos à posição vertical.
Switch off all electronic devices — Desliguem todos os aparelhos eletrônicos.

8 GRAMMAR: OBJECT PRONOUNS

Os *OBJECT PRONOUNS* **SERVEM** para substituir um nome em uma frase, evitando a repetição. Eles também têm a função de complementar o verbo.

Subject pronouns	Object pronouns
I	Me
You	You
He	Him
She	Her
It	It
We	Us
You	You
They	Them

 Entenda as duas funções dos *object pronouns*:

Substituindo nomes
Mr. Jones likes **Mary**. Mr. Jones likes **her**.
I know **Sandra and Mary**. I know **them**.

Complementando um verbo
I like my cat. My cat **likes me**.
We know Mary. Mary **knows us**.

Don't Forget!

Lembre-se de que os *object pronouns* nunca conjugam os verbos, só os complementam. Em outras palavras, os *subject pronouns* vêm sempre antes do verbo e os *object pronouns* depois.
Nunca dizemos "Me likes to travel" e sim "I like to travel".

9 CONVERSATION SKILLS: DO YOU LIKE AIRPLANES?

VOCÊ GOSTA DE VIAJAR DE AVIÃO? Vamos conversar um pouco sobre viagens aéreas. Em grupo, discutam os seguintes temas:

Do you like to travel by plane? Why?
How many times per year do you flight by plane?
What is your favourite air company? Why?
How do you normally buy your plane tickets?

---

10 EXERCISES

E. Translate the following sentences to English (Traduza as frases abaixo para o inglês).

1. Bom dia, senhor. O número do seu voo é 442.

_____

2. Posso ver seu passaporte, por favor?

_____

3. Qual é o meu portão de embarque?

_____

4. O seu portão de embarque é o número dois.

_____

5. Olá Senhor Kramer. Posso ver seu visto?

_____

6. Por favor, permaneçam sentados e afivelem seus cintos de segurança.

_____

7. Retornem aos seus assentos e desliguem todos os aparelhos eletrônicos.

_____

F. Complete the sentences with the correct object pronoun. (Complete as frases com o pronome objeto correto).

EX.: *Suzan likes Bob, but he doesn't like **her**.*

1. Bob likes Kathy, but she doesn't like _____.

2. Kathy likes me, but I don't like _____.

3. I like them, but they don't like _____.

4. They like us, and we like _____.

G. Rewrite the sentences replacing the underlined part for the correct pronoun. (Reescreva as frases, substituindo a parte sublinhada pelo pronome correto)

EX.: ***The flight attendant** helps the **passengers**.*
    ***She** helps **them**.*

1. **Mr. Jones** likes to talk to **the clients**.

_____

2. **The teacher** explains the lesson to **the student**.

_____

3. **Sandra and Mary** fly to England every year.

_____

4. **John** likes **Lucia**, but **Lucia** doesn't like **John**.

_____

9

The Travel Agency

A **AGÊNCIA DE VIAGENS** é um dos locais mais importantes para os profissionais de turismo. Conheça alguns termos muito usados no dia a dia de uma agência:

Travel agency — Agência de viagens
Holiday — Férias/Feriado
Vacation — Férias
Trip — Viagem
Tour — Excursão/Turnê
City tour — Excursão pela cidade
Package tour — Pacote de viagem
Cruise — Cruzeiro
Fare — Tarifa
One way ticket — Passagem de ida
Return ticket — Passagem de ida e volta
Travel insurance — Seguro de viagem
Car insurance — Seguro de veículo
Accommodation — Acomodação
Brochure — Folder
Leaflet — Folheto
Discount — Desconto
Promotion — Promoção

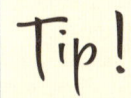 **Tip!** Com os termos *cruise* e *tour*, usamos o verbo *go*.

EX.: *I would like to go on a cruise.*
She wants to go on a city tour.

Don't Forget!

Alguns verbos importantes relativos à agência de viagens:
Book — Reservar
Cancel — Cancelar
Change — Mudar/Alterar
Confirm — Confirmar
Include — Incluir

2 SPEAKING TO THE TOURISTS

AGORA, VAMOS PRATICAR os termos que você aprendeu em uma simulação. Um aluno é o cliente e o outro o agente de viagens. Siga o diálogo, substituindo as palavras sublinhadas pelos termos do quadro abaixo:

Client: Hello, my name is Mr. Simpson.

Travel Agent: Hello Mr. Simpson. How can I help you?

Client: I want to book a **cruise**.

Travel Agent: Where would you like to go and when, Mr. Simpson?

Client: I would like to go to **Salvador** on **Friday**. Do you have a special **promotion** for this date?

Travel Agent: Sure! I will see what I can do, Sir.

Cruise	Salvador	Sunday	Promotion
City tour	Rio de Janeiro	Saturday	Offer
Trip	São Paulo	Friday	Discount
One way ticket	Iguazu Falls	Thursday	Fare
Return ticket	Buenos Aires	Wednesday	

3 GRAMMAR: POSSESSIVES WITH 'S

EM INGLÊS, para indicar que algo pertence a alguém, é muito comum utilizar o apóstrofo seguido de "s". Veja os exemplos:

EX.: *This is the **house of Maria** ou This is **Maria's house**.*
*This is the **car of Paul** ou This is **Paul's car**.*

Porém, quando a apóstrofe vier depois de uma palavra que já termina em "s", usa-se apenas o apostrofo, sem o "s". Veja o exemplo:

EX.: *This is the **restaurant of Carlos**.*
*This is **Carlos' restaurant**.*

Note que, como mostra o exemplo, há duas formas de indicar que algo pertence à alguém; usando o pronome *of*, ou substituindo o *of* pelo "apóstrofe + s". A segunda forma é a mais usada.

4 INTERESTING FACTS: TOURIST ATTRACTIONS

VOCÊ SABE O NOME de alguns dos principais pontos turísticos do Brasil e do mundo em inglês? Conheça alguns...

No Brasil...

Iguazu Falls

Christ the Redeemer

Sugar Loaf

Amazon Forest

e no mundo...

Eiffel Tower

Statue of Liberty

The Great Pyramids

Tower Bridge

Tópicos para discussão:

Do you know any of these tourist attractions?
Which of these is your favorite attraction? Why?
Which of these you think receives more visitors?

5 EXERCISES

A. Translate the following sentences to English (Traduza as frases abaixo para o inglês).

1. O Sr. Osborne quer uma passagem de ida para Buenos Aires.

_____

2. Eu gostaria de reservar uma passagem de ida e volta para Miami.

_____

3. Eu tenho que cancelar minha viagem para o Peru.

_____

4. Você prefere viajar em um cruzeiro ou fazer uma excursão para o nordeste?

_____

5. Você gostaria de incluir um seguro de viagens na sua excursão?

_____

6. Sra. Harper, eu gostaria de confirmar sua reserva para amanhã.

_____

7. Vocês têm desconto na passagem de ida e volta?

_____

B. Complete the sentences according to the example. (Complete as frases de acordo com o exemplo).

EX.: *This is the house of Mary. This is* **Mary's house**.

1. This is the seat of Mr. Simpson. This is _____

2. This is the bag of Edward. This is _____

3. This is the hotel of Mr. Bates. This is _____

4. That is the Bay of Guanabara. That is the _____

5. These are the tickets of John and Mary. These are _____

C. Translate the sentences to English, according to the example (Passe as frases para o inglês, de acordo com o exemplo).

EX.: *O carro do meu irmão.* **My brother's car.**

1. O escritório de John. _____

2. O cachorro da Sra. Adams. _____

3. As férias do Sr. Chase. _____

4. O carro de Schumacher. _____

5. Este é o livro da minha amiga. _____

6. Aquele é o táxi do Sr. Jones? _____

6 USEFUL SENTENCES

1. **I would like to book a...** — Eu gostaria de reservar um(a)...
2. **I would like some information about...** — Eu gostaria de algumas informações sobre...
3. **What do you suggest?** — O que você sugere?
4. **I suggest...** — Eu sugiro...

5. **I will see what I can do.** — Vou ver o que posso fazer.

6. **We have a special...** — Nós temos um(a) ... especial.

7. **Take a look at this brochures.** — Dê uma olhada nesses folders.

8. **This package tour includes...** — Esse pacote de viagem inclui...

 7 LISTENING PRACTICE (LISTENING)

A. **Mary vai sair de férias e pretende viajar para Foz do Iguaçu.** Ela está em uma agência de viagens, buscando um bom pacote. Ouça o diálogo e, sem ler o texto abaixo, tente identificar quais *useful sentences* aparecem. Depois ouça novamente acompanhando o texto.

Mary: **Good afternoon.**

Travel agent: **Good afternoon. How can I help you?**

Mary: **I would like to book a package tour to the Iguazu Falls.**

Travel agent: **Sure! Let me see what I have... We have a special package with airplane, return ticket, accommodation for three nights and city tour.**

Mary: **Great! Does this package tour include tickets to visit the Iguazu National Park?**

Travel agent: **Yes, it includes.**

Mary: **Excellent! How much is this package?**

Travel agent: **When do you want to travel?**

Mary: **Next Friday.**

Travel agent: **We have a special offer for next weekend. Only seven hundred and fifty reais!**

Mary: **Nice! I would like to book.**

Travel agent: **Sure, I just need you details...**

B. Agora, em dupla, releia o diálogo acima.
Cada aluno é responsável por um personagem

8 GRAMMAR: GIVING ADVICES WITH SHOULD

O verbo auxiliar *should* é usado quando queremos aconselhar alguém. Ele equivale ao *deveria* do português. Veja os exemplos:

EX.: *You **should** study English (Você **deveria** estudar inglês).*
*You **should not** eat so much (Você **não deveria** comer tanto).*

> **Tip!** É comum, quando se quer dar uma sugestão, usar a expressão *I think that...*, que significa eu acho que....
> Ela, geralmente, vem acompanhada do auxiliar *should*. Veja o exemplo:
> ....
> EX.: *I think that you should visit Salvador (Eu acho que você deveria visitar Salvador).*

Observe que o *should* não é uma ordem, e sim um conselho ou opinião. Quando se quer dar uma ordem, deve-se utilizar o verbo auxiliar *must*. Ele equivale ao português, *deve*.

EX.: *You **must** go to school (Você **deve** ir para a escola).*
*You **must** wait here (Você **deve** esperar aqui).*

9 INTERESTING FACTS: ENGLAND, GREAT BRITAIN OR UNITED KINGDOM?

Inglaterra (England), Grã Bretanha (Great Britain) ou Reino Unido (United Kingdom)? Muitas pessoas acreditam tratar-se do mesmo país, mas não é. Existem diferenças entre os três, e é bom saber para não criar confusão!

> **Tip!** Jamais chame um turista escocês, irlandês ou galês de inglês. Eles podem ficar ofendidos! Apesar de fazerem parte de uma mesma unidade política, o Reino Unido, existem bastantes diferenças culturais entre esses países.

O Reino Unido é formado por quatro países: ❶ Inglaterra, ❷ Escócia, ❸ País de Gales e ❹ Irlanda do Norte.

Juntos, eles formam o chamado Reino Unido da Grã Bretanha e Irlanda do Norte, ou apenas, **Reino Unido**.

Já a Grã Bretanha, é composta somente pelos países da ilha maior (❶ Inglaterra, ❷ Escócia e ❸ País de Gales), não incluindo a Irlanda do Norte.

10 READING ACTIVITY

A. Leia o texto abaixo, marcando as palavras que você não entendeu.

SPECIAL BRAZILIAN PACKAGE TOURS

This week 10% off in all packages!

REVEILLON IN COPACABANA

Spend the new year's eve in Rio and see the wonderful fireworks at Copacabana beach. PACKAGE INCLUDES:

- Four stars hotel for 2 nights
- Rio city tour
- Return airplane ticket
- Day trip to Búzios

ONLY R$988,00

BRAZILIAN COST CRUISE

One week cruise by the Brazilian coast, from Rio to Natal, in a luxurious cruise ship. PACKAGE INCLUDES:

- City tour in Salvador and Natal
- One week first class cabin
- All meals included

Special offer
25% OFF FOR 2ND PERSON
R$2.300,00

SALVADOR'S CARNIVAL

Enjoy four days and nights of party with your friends in the famous Salvador's Carnival. PACKAGE INCLUDES:

- Four stars hotel for 3 nights
- Ticket to carnival parades
- Return airplane ticket
- Salvador city tour

ONLY R$1.988,00

PANTANAL SAFARY

If you like nature and wildlife, don't miss this amazing one week Pantanal safari tour. PACKAGE INCLUDES:

- One week in private bungalow
- 5 days safari tour
- Return airplane ticket
- All meals included

Special offer
FREE DAY TRIP TO CUIABÁ
R$1.780,00

IGUAZU FALLS RAFTING

For adventure fans! One week full of adrenaline in this great Iguazu Falls rafting tour. PACKAGE INCLUDES:

- Three stars hotel for 2 nights
- Iguazu National Park tour
- Return airplane ticket
- One day rafting trip

Special offer
FREE VISIT TO ITAIPÚ
R$699,00

BRAZILIAN WINERIES

Charming tour to the south of Brazil, including beautiful Gramado and visit to the wineries. PACKAGE INCLUDES:

- Two nights in a luxurious inn
- Guided visit to the wineries
- Return airplane ticket
- Porto Alegre city tour

Special offer
25% OFF FOR COUPLES
R$995,00

B. Agora você é o agente de viagens. Em dupla, responda as perguntas sobre os pacotes. Um aluno faz as perguntas e o outro responde baseado nas informações do texto.

1. I want to...
   a. travel with my wife in a romantic tour. What do you suggest?
   b. see some wildlife and adventure. What do you suggest?
   c. party with my friends. What do you suggest?
2. What does this package include?
3. How much is the price?
4. Do you have a special offer for this package?

11 EXERCISES

D. Translate the following sentences to English (Traduza as frases abaixo para o inglês).

1. Você deveria ver esse folheto.

_____

2. Nós deveríamos visitar Buenos Aires. As passagens estão com desconto.

_____

3. Você deveria ficar nesse hotel. Ele é ótimo.

_____

4. Katherine deveria viajar mais. Ela trabalha muito.

_____

5. Mary, você não deve comprar essa passagem! Está muito cara.

_____

6. Eu acho que todo mundo deve aprender inglês.

_____ ▶

E. Complete the sentences using *should* and one of the following verbs (Complete as frases usando o "should" e um dos verbos abaixo):

GO   VISIT   SELL   LIVE   BOOK

EX.: *If you go to Rio, you **should visit** Santa Teresa. It's very interesting.*

1. You _____ abroad someday. It's a great experience.

2. You _____ a flight to São Paulo this week.

3. It's late. You _____ to bed and sleep a little.

4. I think you _____ your car. It's very old.

F. Using *should*, give coherent advices for the proposed situations (Usando o "should", dê sugestões coerentes para as situações propostas).

EX.: *I am late and I need to be in the airport in twenty minutes! **You should take a taxi.***

1. I have a terrible headache! _____

2. I lost my wallet! _____

3. I am very hungry! _____

4. I want to travel for the Carnival with friends. _____

5. Me and my wife want to visit a romantic place. _____

10

Means of Transportation

QUANDO ESTÃO VIAJANDO, os turistas utilizam diversos meios de transporte. É importante conhecer alguns deles:

Bus — Ônibus de linha
Taxi — Táxi
Train — Trem
Truck/Lorry — Caminhão
Ship — Navio
Underground — Metrô
Garage — Oficina mecânica
Tram — Bonde (terrestre)
Motorcycle — Motocicleta
Helicopter — Helicóptero
Collector — Cobrador

Coach — Ônibus de viagem
Cab — Táxi
Car — Carro
Boat — Barco
Subway — Metrô
Van — Van/Lotação
Parking lot — Estacionamento
Cable car — Bonde/Teleférico
Bicycle/Bike — Bicicleta
Driver — Motorista

Don't Forget!

Verbos importantes relativos aos meios de transporte:
Take — Pegar (ônibus, táxi)
Drive — Dirigir
Walk — Andar
Rent — Alugar

2 SPEAKING TO THE TOURISTS

EM DUPLA, ajude os turistas informando o meio de transporte ideal para cada situação. Use o diálogo abaixo como base, variando os termos sublinhados pelas palavras do quadro.

Student 1: Excuse me. I need to go to **Copacabana beach**.
Student 2: You will have to take a **subway**, or a **bus**.
Student 1: OK. How long does it take?
Student 2: Hmm... Around **fifty minutes**.
Student 1: Thank you!

Copacabana beach (1km)	Bus	Boat	6 hours	30 minutes
Galeão Airport (15km)	Subway	Car	4 hours	15 minutes
Angra dos Reis (80km)	Taxi	Airplane	1 hour	10 minutes
São Paulo (400km)	Coach	Helicopter		

3 GRAMMAR: FUTURE TENSE

EM INGLÊS, para indicar ações no futuro, basta acrescentar o verbo auxiliar *will* antes do verbo principal.

EX.: *I **will** take a bus (Eu pegarei um ônibus)*
*I **will** drive to São Paulo. (Eu vou dirigir até São Paulo)*

Veja como conjugar o verbo pegar (take) no futuro, na sua forma normal e abreviada. Observe que o verbo principal mantém sua forma infinitiva, independente da pessoa.

Take / Pegar		
I will take	I'll take	Eu vou pegar/Eu pegarei
You will take	You'll take	Você vai pegar/Você pegará
He will take	He'll take	Ele vai pegar/Ele pegará
She will take	She'll take	Ela vai pegar/Ela pegará
We will take	We'll take	Nós vamos pegar/Nós pegaremos
You will take	You'll take	Vocês vão pegar/Vocês pegarão
They will take	They'll take	Eles vão pegar/Eles pegarão

 Para dizer que algum evento vai acontecer no futuro, usa-se o *it will*.

EX.: ***It will*** *rain today (Vai chover hoje).*

It will *be tomorrow. (Vai ser amanhã).*

Tip ! Quando queremos dizer que vamos utilizar um meio de transporte para ir a algum lugar, utilizamos expressão *by*.

EX.: *I will go **by** bus (Eu irei de ônibus).*
*She will go **by** plane (Ela irá de avião).*

....

A única exceção é quando se vai "a pé". Nesse caso, usa-se a expressão *on*.
EX.: *I will go **on** foot (Eu irei à pé).*

---

4 READING ACTIVITY

A. LEIA O TEXTO ABAIXO, marcando as palavras que você não entendeu.

A Subway for Curitiba

Curitiba will build a subway line with 22km of extension and 21 stations. According to the metropolitan government, the construction will start in 2010.

After almost fifty years of debate, finally Curitiba will have its first subway line. The construction will start in 2010 and will cost approximately R$2.6 billion. Linha Azul (the project name) will pass under the current express bus lanes and will have both underground and over ground parts. The line will have a total extension of 22 kilometers and will connect the bus terminals of Santa Cândida and CIC Sul, through 21 subway stations.

The project also includes the transformation of 19km of bus express ways into linear parks and green areas. Each subway train will have an average speed of 40km/h and will transport about 1,200 passengers, versus the current 270 people capacity in the express bus. However, some people don't like the subway idea. Critics of the project believe that it will be too expensive for the city and that are better solutions for Curitiba's current traffic problems.

B. Em grupo, responda as seguintes perguntas:

What will be the total cost of the Curitiba subway?
Which parts of the city it will connect?
What will be the name of the new subway line?
What Curitiba will do with the current Express Bus lanes, after the new subway construction?
What do the project critics think about the new subway?

5 EXERCISES

A. Translate the following sentences to English (Traduza as frases abaixo para o inglês).

1. Eu quero alugar um carro.

_____

2. Onde é a oficina mecânica?

_____

3. Ela irá pegar um ônibus.

_____

4. Eu não gosto de andar. Eu vou pegar o metrô.

_____

5. Sr. Jones irá dirigir até Florianópolis amanhã.

_____

6. Hoje nós iremos a pé. Amanhã nós iremos de táxi.

_____

7. Eu gostaria de alugar um barco.

_____

B. Complete the sentences with the verb in parenthesis, either on its present or future form, according to the context (De acordo com o contexto, complete as frases com o futuro ou presente do verbo entre parênteses).

EX.: *Today he is in Curitiba. Tomorrow he **will be** in Florianópolis.* (TO BE)

1. Today I am in São Paulo. Next Monday I _____ to Brasilia. (TO TRAVEL)
2. Peter and Suzan are in Brazil. They _____ to New York on Tuesday. (TO GO)
3. We will go to Barcelona next week. Now we _____ in Paris. (TO BE)
4. Liam and Noel travel a lot by car. They _____ to Las Vegas tomorrow. (TO DRIVE)
5. Barack doesn't like to walk. Tomorrow he _____ a taxi (TO TAKE)
6. Next year he will buy a car. Now he _____ on foot. (TO BE)

6 USEFUL SENTENCES

1. **Next stop** — Próxima parada.
2. **Final stop** — Última parada/Parada final.
3. **The taxi ride is...** — O valor da viagem é...
4. **The ticket is...** — A passagem é...
5. **It is far away** — É muito longe.
6. **It is close** — É perto.
7. **It is walking distance** — Dá para ir a pé.
8. **How long does it take?** — Quanto tempo leva?
9. **It takes...** — Leva....
10. **Let's go by...** — Vamos de...
11. **You can go by...** — Você pode ir de...
12. **This seat is free** — Esse assento está livre.

7 LISTENING PRACTICE (LISTENING)

A. MARY E LUIS QUEREM VISITAR O MUSEU DA CIDADE. Porém, eles precisam decidir como chegar até lá. Ouça o diálogo e, sem ler o texto abaixo, tente identificar quais *useful sentences* aparecem. Depois, ouça novamente acompanhando o texto.

▶

Mary: **Luis, lets take the subway?**

Luis: **Hmm... I don't think so. I think we can go by bus. It is cheap.**

Mary: **You are very stingy! How long does it take by bus?**

Luis: **It takes only one hour!**

Mary: **No way! I will not go by bus. Let's go by taxi. I will pay.**

Luis: **OK. Let's go by taxi....**

Mary: **Excuse me, how much is the taxi ride to the City Museum?**

Taxi Driver: **The taxi ride is twenty reais.**

Luis: **Wow! That is expensive! The bus ticket is only two reais.**

Mary: **Oh my god!**

B. Agora, em dupla, releia o diálogo acima. Cada aluno é responsável por um personagem.

8 GRAMMAR: FUTURE TENSE (NEGATIVE AND INTERROGATIVE)

PARA INDICARMOS UMA AÇÃO NEGATIVA NO FUTURO, ou seja, que algo não irá acontecer, usamos o auxiliar *will + not +* verbo principal.

EX.: I **will not go** by bus (Eu não irei de ônibus).

Peter **will not fly** to Paris tomorrow (Peter não irá voar para Paris amanhã).

Vejamos como conjugar o verbo pegar (take) no futuro, na sua forma negativa normal e abreviada.

Take/Pegar		
I will not take	I won't take	Eu não vou pegar
You will not take	You won't take	Você não vai pegar
He will not take	He won't take	Ele não vai pegar
She will not take	She won't take	Ela não vai pegar
We will not take	We won't take	Nós não vamos pegar
You will not take	You won't take	Vocês não vão pegar
They will not take	They won't take	Eles não vão pegar

Assim como no presente simples, para fazer perguntas no futuro, basta inverter a ordem do pronome, colocando o auxiliar *will* na frente.

EX.: **Will you go** *by train or by coach? (Você irá de trem ou de ônibus?)*

Will Mary rent *a car next week? (Mary alugará um carro semana que vem?)*

Vejamos como conjugar o verbo dirigir (drive) no futuro, na sua forma interrogativa. Lembrando que na interrogativa, não há forma abreviada.

Drive/Dirigir	
Will I drive?	Eu vou dirigir?
Will you drive?	Você vai dirigir?
Will he drive?	Ele vai dirigir?
Will she drive?	Ela vai dirigir?
Will we drive?	Nós vamos dirigir?
Will you drive?	Vocês vão dirigir?
Will they drive?	Eles vão dirigir?

9 CONVERSATION SKILLS: MEANS OF TRANSPORTATION

QUAL MEIO DE TRANSPORTE VOCÊ MAIS USA? Vamos conversar sobre meios de transporte urbanos.

Em grupo, discutam os seguintes temas:

Which mean of transportation do you use to go to work? How long does it take?
What is your opinion about the mass transport system in your city?
Does your city suffer from traffic problems?
Which mean of transportation do tourists prefer to use in your city?

10 EXERCISES

C. Translate the following sentences to English (Traduza as frases abaixo para o inglês).

1. Onde é a próxima parada?

_____

2. Qual é a próxima parada?

_____

3. A passagem de ônibus custa dois reais.

_____

4. Quanto é a corrida de táxi?

_____

5. Quanto tempo leva até o Rio?

_____

6. Leva duas horas.

_____

7. Você vai dirigir?

_____

8. Não, eu não irei de ônibus. Eu irei de avião.

_____

9. O museu é perto. Você pode ir a pé.

_____

10. Quanto tempo leva até Manaus de avião? Leva quatro horas.

_____

D. Complete the sentences with *will* or *won't* (Complete as frases com *will* ou *won't*).

1. If I don't go to bed now, I _____ be late tomorrow morning.

2. Will you travel tomorrow? No, I _____. I _____ travel only on Friday.

3. If you don't study, you _____ pass the exam.

4. I love cruises. I _____ go on a cruise next month.

5. Hurry up! We will be late! No, we _____. We _____ be on time.

6. No, Mary _____ rent a boat this weekend. She _____ rent it next weekend.

7. _____ you go by bus? No, it's far away. I _____ take a plane.

11

Tourism Information

1 **VOCABULARY:** TOURISM INFORMATION

Como profissional de turismo, é essencial que você saiba dar informações turísticas aos visitantes. Vamos ver alguns termos relacionados a esse tema:

Sigths — Pontos turísticos

Place — Lugar

Statue — Estátua

Church — Igreja

Park — Parque

Landscape — Paisagem

Group — Grupo

Visitors — Visitantes

Nightlife — Vida noturna

Sightseeing — Visitar pontos turísticos

Monument — Monumento

Building — Prédio

Palace — Palácio

Beach — Praia

Map — Mapa

Tour guide — Guia de turismo

Attractions — Atrações

Shopping — Compras

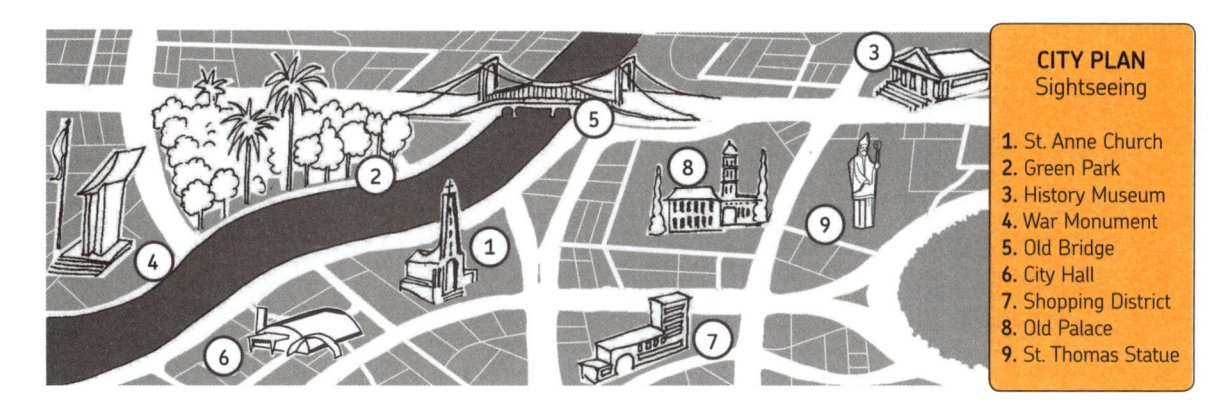

CITY PLAN
Sightseeing

1. St. Anne Church
2. Green Park
3. History Museum
4. War Monument
5. Old Bridge
6. City Hall
7. Shopping District
8. Old Palace
9. St. Thomas Statue

Don't Forget!

Alguns verbos importantes relativos a informações turísticas:
Visit — Visitar
Help — Ajudar
Recommend — Recomendar
Find — Encontrar

2 SPEAKING TO THE TOURISTS

BASEADO NA PREVISÃO DO TEMPO, dê recomendações turísticas aos visitantes. Em dupla, siga o diálogo, substituindo as expressões sublinhadas pelos termos abaixo mais apropriados.

Tour guide: **Hello Sir, how can I help you?**
Tourist: **Can you recommend me a good place to visit in this <u>sunny</u> day?**
Tour guide: **Sure, I would recommend you to visit/go to the <u>park</u> or the <u>beach</u>.**
Tourist: **Great idea. Thank you!**

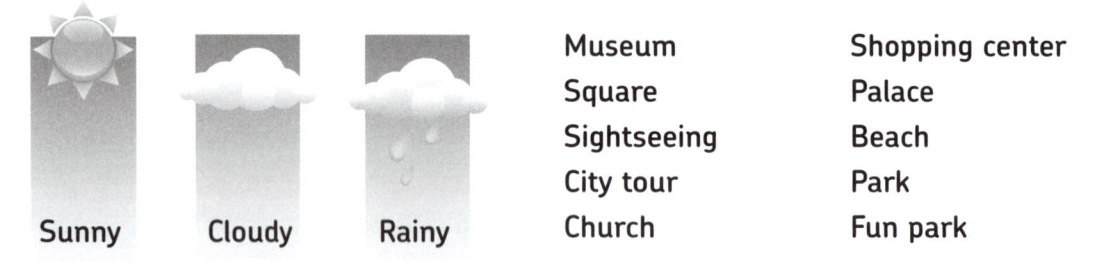

Sunny   Cloudy   Rainy

Museum	Shopping center
Square	Palace
Sightseeing	Beach
City tour	Park
Church	Fun park

3 GRAMMAR: PLURALS

DE UMA FORMA GERAL, o plural dos substantivos é obtido acrescentando "s" a sua forma singular.

EX.: Place — Place**s** (lugar - lugares)
     Square — Square**s** (praça - praças)

Existem casos, porém, onde o plural tem outras terminações. Veja a tabela:

O plural das palavras que terminam em:

s/sh/ch/x, são obtidas acrescentando-se "es"	y, mas precedidas de vogal, acrescenta-se"s"
EX.: Bus – Buses	EX.: Day – Days
Church – Churches	Way – Ways
Box – Boxes	Boy – Boys
y, são obtidas tirando o y e acrescentando-se "ies"	**f/ fe/ são obtidas tirando o f/fe e acrescentando-se "ves"**
EX.: Fly – flies	EX.: Knife – Knives
City – Cities	Shelf – Shelves

Don't Forget!

Em inglês, algumas palavras têm plural irregular e não seguem nenhuma das regras acima.
Alguns exemplos importantes:
Man — Men
Woman — Women
Child — Children
Tooth — Teeth
Foot — Feet
Person — People

4 INTERESTING FACTS: THE NEW 7 WONDERS OF THE WORLD

VOCÊ SABE QUAIS SÃO AS NOVAS 7 MARAVILHAS DO MUNDO? Vamos conhecê-las:

Em 2007, foi conduzida uma votação popular pela internet, afim de eleger as Novas 7 Maravilhas do Mundo. Mais de 100 milhões de pessoas votaram, e aqui estão as vencedoras:

Chichén Itzá (México)

Famous Mayan temple city, it was the political and economical center of the Mayan civilization.

Taj Mahal (India)

This huge construction was built as a mausoleum to honour the memory of the Mogul Emperor's wife.

Petra (Jordan)

Totally built in stone, on the Arabian Desert, Petra was the capital of the Nabataean empire.

The Coliseum (Italy)

Biggest entertainment center during the Roman Empire, it was home of the gladiator combats.

The Great Wall (China)

Largest structure ever built by man, it is the only human construction visible from space.

Machu Picchu (Peru)

Incan religious city, built on the top of the Andes Mountains, deep in the Amazon Jungle.

Christ Redeemer (Brazil)

38 meters statue of Jesus Christ, built on the top of the Corcovado Mountain, in the city of Rio de Janeiro.

5 CONVERSATION SKILLS: DO YOU KNOW THE WONDERS?

VAMOS CONVERSAR sobre as novas maravilhas do mundo?

Em grupo, discuta os seguintes temas:

Do you know any of the New 7 Wonders of the World?

Which is your favourite Wonder?

Do you have plans to visit any of the Seven Wonders in your life?

Is there any monument that you think it should be a Wonder and is not one of the seven?

6 EXERCISES

A. Translate the following sentences to English (Traduza as frases abaixo para o inglês).

1. Com licença, você é um guia de turismo? Sim, eu sou.

_____

2. Eu quero visitar aquele palácio!

_____

3. Eu preciso encontrar essa igreja.

_____

4. O que você recomenda? Eu recomendo uma visita aos pontos turísticos.

_____

5. George irá visitar as praias amanhã.

_____

6. Posso ver o mapa, por favor?

_____

B. Write the plural of the words below (Escreva o plural das palavras abaixo):

1. Child _____

2. Beach _____

3. Statue _____

4. Museum _____

5. Bus _____

6. Person _____

7. Tourist guide _____

8. Taxi driver _____

9. Map _____

10. Wife _____

11. Country _____

12. Fax _____

13. Toy _____

14. Woman _____

15. Superman _____

7 USEFUL SENTENCES

1. **Can you help me find...?** — Você poderia me ajudar a encontrar...?
2. **Which are the main attractions/sights?** — Quais são as principais atrações/pontos turísticos?
3. **Which are the best places to visit?** — Quais são os melhores lugares para visitar?
4. **Can you recommend me a good/nice...?** — Você pode me recomendar um bom...?
5. **I recommend...** — Eu recomendo...
6. **I suggest you to...** — Eu sugiro que você...
7. **You should visit...** — Você deveria visitar...
8. **Here is a map/brochure** — Aqui tem um mapa/folder.

8 LISTENING PRACTICE (LISTENING)

A. GEORGE É CANADENSE, acabou de chegar em São Paulo, e precisa de informações turísticas. Ele está em uma central de informações. Leia o diálogo abaixo e tente completar as lacunas com palavras que você aprendeu nas *useful sentences*. Depois, ouça o diálogo e confira suas respostas.

George: **Good evening!**

Guide: **Good evening! How can I help you?**

George: **I need to find a good hotel next to Av. Paulista. What do you suggest?**

Guide: **I** _____ **the Five Towers Hotel. It's a very good hotel just five minutes from Av. Paulista.**

George: **Great! One more thing. I have this weekend free, and I want to go sightseeing. Which are** _____ **to visit?**

Guide: **You should visit MASP, it's a very famous museum in Av. Paulista. Or you can take the subway and go to the Ibirapuera Park.**

George: **Nice.** _____ **a good Italian restaurant?**

Guide: **Sure, there are many good Italian restaurants in the Bixiga area.**

George: **Thank you very much!**

Guide: **You're welcome!** _____ **map of the city. It will help you!**

George: **Great! Thanks.**

B. Agora, em dupla, releia o diálogo acima. Cada aluno é responsável por um personagem.

9 GRAMMAR: PLURAL (COUNTABLE AND UNCOUNTABLE NOUNS)

ALGUNS SUBSTANTIVOS em inglês não têm plural. Eles são chamados de substantivos incontáveis.

EX.: *Money (não existe one money, two moneys etc..)*

OUTROS EXEMPLOS: *water, sugar, salt, gas, rice, oil.*

Eles são importantes por que a forma como usamos os termos "muito" ou "pouco" se altera se o substantivo for contável ou incontáveis. Para dizer "muito" ou "pouco"...

A. Quando o substantivo for **contável**, usamos:

Many (muitos) — Few (poucos)

EX.: *Mr. Jones knows **many people** in Brazil. George knows **few people** in Brazil.*

B. Quando o substantivo for **incontável**, usamos:

Much (muito) — Little (pouco)

EX.: *Mary spends **much money**. Luis spends **little money**.*

Don't Forget!

1. Quando você não tiver certeza absoluta se o substantivo é contável ou incontável, você pode usar a expressão *a lot of*, que serve para ambos.
EX.: *A lot of money, a lot of cars, a lot of people, a lot of water....*

2. Existe uma diferença entre *few* e *a few, little* e *a little. Little* e *few* significam "pouco(s)" e *a little* e *a few* significam "um pouco".
EX.: *I have **little** money — Eu tenho pouco dinheiro.*
     *I have **a little** money — Eu tenho um pouco de dinheiro.*

10 WRITING PRACTICE

ESCREVA UMA CARTA para um(a) amigo(a) recomendando um *sightseeing* pelos principais pontos turísticos da sua cidade. Use as palavras que você aprendeu no vocabulário para auxiliá-lo.

_____

_____

_____

_____

_____

_____

_____

_____

_____

_____

_____

_____

_____

_____

_____

_____

_____

11 EXERCISES

C. Complete the sentences using *many* or *much* (Complete as frases usando *many* ou *much*).

1. There are _____ hotels in São Paulo.

2. Luis doesn't spend _____ money.

3. There are _____ people at the bus station.

4. How _____ is the bus ticket, please?

5. I love this city. I will take _____ photographs.

6. We don't have _____ gasoline.

D. Complete the sentences using *a few* or *a little* (Complete as frases com *a few* ou *a little*).

1. I speak _____ English.

2. Do you have money? Yes, _____.

3. I am thirsty. I need _____ water.

4. We will go in _____ minutes.

5. She needs _____ time to finish the exercise.

6. I'll see you in _____ days.

E. Translate the following sentences to English (Traduza as frases abaixo para o inglês).

1. Eu sugiro que você visite o museu Oscar Niemeyer.

_____

2. Você pode me recomendar um bom restaurante, por favor?

_____

3. Você pode me ajudar a encontrar o parque Ibirapuera?

_____

4. Desculpe-me, não tenho muito dinheiro.

_____

5. São Paulo tem muitos pontos turísticos.

_____

6. Poucas pessoas visitam esse museu.

_____

12

The Weather

QUEM VIAJA A TURISMO está sempre atento ao clima. Vamos aprender alguns termos referentes a esse importante tema:

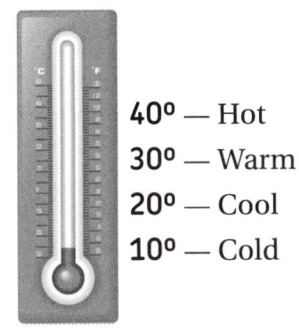

Weather — Clima
Warm — Quente (agradável)
Cold — Frio
Cloud — Nuvem
Snow — Neve
Fog — Neblina
Lightning — Raio
Temperature — Temperatura
Sunscreen — Protetor solar

Hot — Quente
Cool — Fresco
Sun — Sol
Rain — Chuva
Wind — Vento
Thunder — Trovão
Forecast — Previsão
Degrees — Graus
Sunburn — Queimadura de sol

40º — Hot
30º — Warm
20º — Cool
10º — Cold

Vamos ver também a previsão do tempo...

Sunny · Sunny with clouds · Cloudy · Rainy · Snowy · Stormy

...e as estações do ano:

| Summer | Spring | Fall | Winter |

Finalmente, vamos falar sobre vestuário. Veja como a Mary se veste no inverno e o Sr. Jones no verão:

Hat

Sunglasses

Scarf

Boots

2 SPEAKING TO THE TOURISTS

AGORA QUE VOCÊ CONHECE alguns termos relacionados ao clima, pratique com seus colegas. Complete o diálogo abaixo, substituindo os termos sublinhados pelos mais apropriados a cada situação:

Student 1: **How is the weather forecast for today?**
Student 2: **It will be <u>hot</u>. The forecast is <u>forty degrees</u> and <u>sunny</u>.**
Student 1: **Hmm...So I guess I will wear a <u>t-shirt</u> and <u>sunglasses</u>!**

Hot	40º	Sunny	T-shirt	Rain coat	Scarf
Warm	30º	Rainy	Pullover	Boots	Gloves
Cool	20º	Clowdy	Umbrella	Pants	Shorts
Cold	10º	Stormy	Sunglasses	Sun cream	Sandals

3 GRAMMAR: SIMPLE PAST (VERB TO BE)

Usa-se o *simple past* para expressar ações que começaram e terminaram no passado. Vamos ver, primeiro, o passado do verbo *to be*, na sua forma afirmativa, negativa e interrogativa.

Simple past — Affirmative form	
I was	Eu era /Eu estava
You were	Você era/Você estava
He was	Ele era/Ele estava
She was	Ela era/Ela estava
It was	Ele ou Ela era/Ele ou Ela estava
We were	Nós éramos/Nós estávamos
You were	Vocês eram/Vocês estavam
They were	Eles eram/Eles estavam

O passado do verbo *to be* é *was* na 1ª e 3ª pessoa e *were* nas demais.

EX.: **Mary was** *in the bank this morning. (Mary estava no banco essa manhã)*

We were *in Rio last week. (Nós estávamos no Rio, última semana)*

It was *sunny yesterday.*

Simple past — Negative form	
I wasn't	Eu não era/Eu não estava
You weren't	Você não era/Você não estava
He wasn't	Ele não era/Ele não estava
She wasn't	Ela não era/Ela não estava
It wasn't	Ele ou ela não era/Ele ou ela não estava
We weren't	Nós não éramos/Nós não estávamos
You weren't	Vocês não eram/Vocês não estavam
They weren't	Eles não eram/Eles não estavam

Para formar a negativa, basta acrescentar *not* depois do verbo *to be*.

Porém, é mais comum o uso da forma contraída *wasn't/weren't*.

EX.: *Mary* **was not** *in her office this morning. (Mary não estava em seu escritório essa manhã)*

Mary **wasn't** *in her office this morning.*

We **were not** *in Curitiba last week.*

We **weren't** *in Curitiba last week*

 Para fazer perguntas com o *simple past* do verbo *to be*, basta inverter a posição do sujeito e do verbo.

EX.: ***Mary was*** *in her office this morning. (Mary estava em seu escritório essa manhã)*
Was Mary *in her office this morning? (Mary estava em seu escritório essa manhã?)*

We were *in Curitiba last week.*
Were we *in Curitiba last week?*

4 CONVERSATION SKILLS: HOW IS THE WEATHER?

CONVERSE com seus colegas sobre o tempo. Algumas sugestões de temas:

> What is your favorite season? Why?
> How is the weather today? And how was it yesterday?
> What do you like to do on sunny days?
> What do you like to do on rainy days?

5 EXERCISES

A. Translate the following sentences to English (Traduza as frases abaixo para o inglês).

1. Eu adoro dias ensolarados!

_____

2. Está muito frio hoje.

_____

3. Você gosta da primavera? Sim, eu adoro!

_____

4. A previsão do tempo para hoje é de 30ºC.

_____

5. Está frio e chuvoso hoje. Tragam guarda-chuva e cachecol.

_____

6. A previsão para amanhã é de calor e sol. Tragam bermudas e camisetas.

_____

B. Complete the sentences with the correct form of the verb _to be_ (Complete as frases com o a forma correta do verbo _to be_).

1. Yesterday it _____ very cold and rainy.

2. It _____ 25ºC now. It _____ 28ºC yesterday.

3. You _____ beautiful last night, with your new pullover.

4. Where _____ you yesterday evening?

5. Where _____ Mr. Harper? He is late.

6. I _____ very happy now.

7. I _____ very happy last weekend.

8. Governor Arnold _____ in London last year.

C. Complete the sentences with the past tense of the verb _to be_, in the affirmative or negative form, according to the context (Complete as frases com o passado do verbo _to be_ na sua forma afirmativa ou negativa, dependendo do contexto).

1. Was it cloudy yesterday? No, it _____.

2. Were you in Porto Alegre last week? Yes I _____.

3. Was it cold in Rio? No, it _____ very hot.

4. Were they busy? No, they _____. They were on holiday.

5. No, it _____ rainy yesterday. It _____ sunny!

6. Yesterday _____ a beautiful day. It _____ sunny all day.

D. Change affirmative sentences into interrogative sentences (Passe as frases da forma afirmativa para a forma interrogativa).

EX.: *It was sunny yesterday. (affirmative)*

Was it sunny yesterday? (interrogative)

1. It was cloudy today.

_____

2. We were in Rio de Janeiro last Friday.

_____

3. She was late for work this morning.

_____

4. Yesterday it was a very hot day.

_____

6 USEFUL SENTENCES

1. **What is the weather like in...?** — Como é o clima em...?
2. **How is the weather in...?** — Como é o clima em...?
3. **How is the weather today?** — Como está o clima hoje?
4. **What is the temperature?** — Qual é a temperatura?
5. **What is your favorite season?** — Qual é sua estação do ano favorita?
6. **The weather forecast for today is....** — A previsão do tempo para hoje é de....
7. **...this time of the year** — ...nessa época do ano.
8. **Bring warm/light clothes** — Traga roupas quentes/leves.
9. **All year round** — Durante o ano todo.

7 LISTENING PRACTICE (LISTENING)

A. SR. JONES ESTÁ LEVANDO George para uma reunião no centro da cidade. Chove bastante e eles conversam sobre o clima. Leia o diálogo abaixo e tente completar as lacunas com palavras que você aprendeu nas *useful sentences* acima. Depois ouça o diálogo e confira suas respostas.

George: **What a terrible day, huh?**

Mr. Jones: **Yes, it rains a lot this time of the year. You are Canadian, right?**

George: **Yes, I am.**

Mr. Jones: **What is _____ in Canada?**

George: **It is very cold in the winter and it's cool in the summer.**

Mr. Jones: **What _____ in winter?**

George: **Around –10º Celsius.**

Mr. Jones: **My God! It is freezing!**

George: **Bring warm clothes! What's your _____?**

Mr. Jones: **My favorite season is summer. I love sunny days!**

B. Agora, em dupla, releia o diálogo acima. Cada aluno é responsável por um personagem.

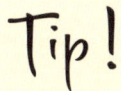 **Tip!** No Brasil, e na maioria dos países, utiliza-se o grau Celsius como unidade de temperatura. Porém, em países como os EUA e Canadá utiliza-se o grau Fahrenheit.

Celsius x 1,8 + 32 = Fahrenheit   *Fahrenheit – 32 ÷ 1,8 = Celsius*

8 GRAMMAR: SIMPLE PAST (REGULAR VERBS)

NO INGLÊS, os verbos podem ser regulares ou irregulares. Nos verbos regulares, o passado simples ocorre acrescentando a terminação "ed" ao final do verbo no infinitivo. Veja a conjugação do verbo viajar (*travel*) e gostar (*like*) no passado simples:

Simple past — Travel	
I traveled	Eu viajei
You traveled	Você viajou
He traveled	Ele viajou
She traveled	Ela viajou
We traveled	Nós viajamos
You traveled	Vocês viajaram
They traveled	Eles viajaram

Like
I liked
You liked
He liked
She liked
We liked
You liked
They liked

 O passado dos verbos regulares é sempre formado pelo **verbo no infinitivo + ed**.

EX.: *Mary **travels** every year. (simple present)*
*Mary **traveled** yesterday. (simple past)*

*Mr. Jones **works** a lot.*
*Mr. Jones **worked** until 22h yesterday.*

Don't Forget!

Alguns exemplos de verbos regulares que vimos ao longo do livro:

Want — Querer	**Need** — Precisar
Visit — Visitar	**Wait** — Esperar
Order — Pedir	**Walk** — Andar
Sit — Sentar	**Rent** — Alugar
Ask — Perguntar	**Arrive** — Chegar
Work — Trabalhar	**Recommend** — Recomendar

9 READING ACTIVITY

A. LEIA O TEXTO ABAIXO, marcando as palavras que você não entendeu.

SALVADOR — BAHIA

Dear Karina,

How is everything in London? Here in Brazil everything is great! Last week I was in Salvador, a wonderful city with a lot of beaches and great food. The weather was perfect, sunny and warm everyday. I visited many incredible places, but my favourite was the Itapuã beach, with white sand and beautiful coconut trees. Another amazing place was the Pelourinho, in the old part of Salvador. There, I visited a lot of churches and walked more than 5km through its narrow streets. I also tried the typical Bahia's food... it was spicy! I hope we can meet again soon... and if you come to Brazil, you must go to Salvador!

Yours sincerely, Mary

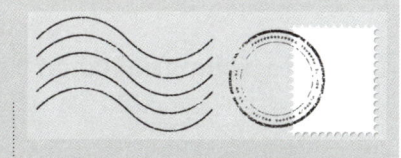

TO KARINA BENFIELD
45, HAMILTON RD.
BRENT CROSS - LONDON
NW11-9UA

B. Em grupo, responda as seguintes perguntas:

Where does Karina live? And Mary?
How was the weather in Salvador when Mary was there?
Which places in Salvador Mary liked more?
What Mary thinks about Bahia's typical food?

10 EXERCISES

E. Translate the following sentences to English (Traduza as frases abaixo para o inglês).

1. Como estava o tempo ontem? Estava muito bom!

_____

2. Chove muito nessa época do ano.

_____

3. Traga roupas leves porque é muito quente aqui.

_____ ▶

4. Como é o clima na Bahia?

_____

5. Berta viajou para a Europa sábado passado.

_____

6. Eu trabalhei ontem e estava muito frio.

_____

7. Nós estavamos atrasados por causa do mau tempo.

_____

F. Complete the sentences with the most appropriate verb, in the _simple past_ (Complete as frases com o verbo mais apropriado, no passado simples).

WANT   NEED   WALK   ORDER   ARRIVE   RECOMMEND

1. Suzan _____ pasta at the restaurant, yesterday.

2. The tourism guide _____ me a good hotel.

3. She _____ to visit the park, but it was raining.

4. Jake's flight _____ at 6 o'clock, yesterday.

5. I _____ 5 miles last Sunday.

6. It was rainy yesterday. He _____ to buy an umbrella.

13

Sports and Entertainment

ALÉM DE VISITAR os pontos turísticos tradicionais, muitos turistas também se interessam por outras formas de lazer, como esportes e entretenimento em geral. Conheça algumas palavras importantes sobre esse tema:

Fun — Diversão
Entertainment — Entretenimento
Sport — Esporte
Leisure — Lazer
Fun park — Parque de diversões
Concert — Show/Concerto
Concert hall — Casa de shows
Play — Peça (teatro)
Movie theatre — Cinema
Match — Jogo/Partida
Game — Jogo/Partida
Movie — Filme
Stadium — Estádio
Arena — Arena de esportes
Gymnasium — Ginásio de esportes
Swimming pool — Piscina
Court — Quadra
Game room — Salão de jogos

Don't Forget!

Verbos importantes quando o assunto for esportes e entretenimento:

Play — Jogar/Tocar (música)
Watch — Assistir
Practice — Praticar
Support — Torcer
Win — Ganhar
Lose — Perder

É importante também conhecer o nome de alguns esportes:

Soccer — Futebol

Volleyball — Vôlei

Basketball — Basquete

Running — Corrida

Table tennis — Tênis de mesa

Pool — Bilhar

Football — Futebol/Futebol americano

Beach volley — Vôlei de praia

Swimming — Natação

Jogging — Caminhada

Foosball — Pebolin/Totó

Snooker — Sinuca

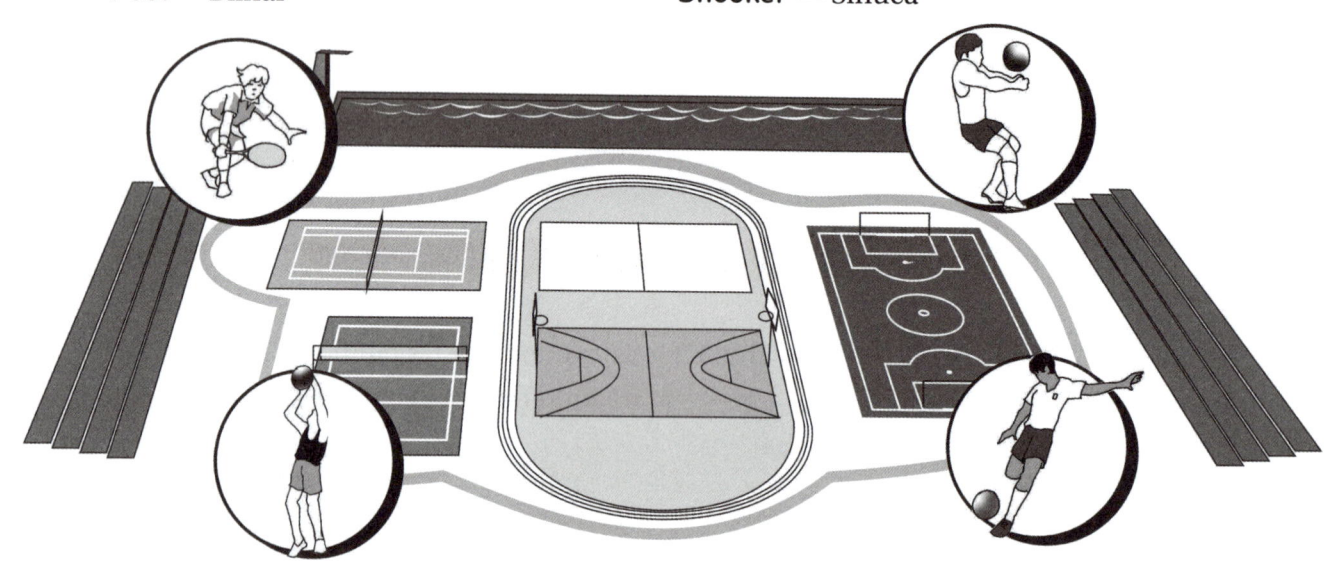

> **Tip!** Você sabe a diferença entre *soccer* e *football*?
>
> À exceção dos EUA, os demais países de língua inglesa chamam o nosso futebol de *football*. Os americanos, porém, chamam o futebol de *soccer*. Para eles, o *football* é o equivalente ao futebol americano no Brasil, jogado com as mãos, usando proteção e capacetes.

2 SPEAKING TO THE TOURISTS

AGORA QUE VOCÊ JÁ CONHECE algumas palavras relacionadas a esportes e entretenimento, ajude os turistas a encontrar os locais ideais para assistir eventos e praticar esportes. Em dupla, complete o diálogo abaixo, substituindo os termos sublinhados pelos mais apropriados para cada situação:

Student 1: **Excuse me. Where can I watch a <u>rock concert</u>?**

Student 2: **You can watch a rock concert in the <u>concert hall</u>.**

STUDENT 1.	STUDENT 2.
Where can I watch /play /go ... ?	You can watch/play /go .... in/on/at the...

Soccer match	Rock concert	Swimming pool	Stadium
Movie	Basketball	Gymnasium	Concert hall
Swimming	Pool	Beach	Game room
Beach Volley		Movie theater	

3 GRAMMAR: SIMPLE PAST (IRREGULAR VERBS)

APESAR DE A MAIORIA DOS VERBOS em inglês serem regulares, vários verbos importantes são irregulares. Os verbos irregulares têm uma conjugação própria no passado e precisam ser memorizados.

Speak/Falar	
I speak	I spoke
You speak	You spoke
He speaks	He spoke
She speaks	She spoke
We speak	We spoke
You speak	You spoke
They speak	They spoke

Win/Vencer	
I win	I won
You win	You won
He wins	He won
She wins	She won
We win	We won
You win	You won
They win	They won

Have/Ter	
I have	I had
You have	You had
He has	He had
She has	She had
We have	We had
You have	You had
They have	They had

Do/Fazer	
I do	I did
You do	You did
He does	He did
She does	She did
We do	We did
You do	You did
They do	They did

Go/Ir	
I go	I went
You go	You went
He goes	He went
She goes	She went
We go	We went
You go	You went
They go	They went

Lose/Perder	
I lose	I lost
You lose	You lost
He loses	He lost
She loses	She lost
We lose	We lost
You lose	You lost
They lose	They lost

Obs.: Para uma lista completa de verbos irregulares consulte o apêndice na página 152.

EX.: *Mr. Jones **speaks** to the passengers. » Mr. Jones **spoke** with Mary last week.*
*I **go** to São Paulo by plane now. » I **went** to São Paulo by plane yesterday.*
*We **have** a meeting in five minutes. » We **had** an important meeting this morning.*

4 CONVERSATION SKILLS: ADVENTURE SPORTS

No Brasil, esportes de aventura são muito praticados e também são muito procurados por turistas. Conheça alguns:

Skydiving — Paraquedismo
Hiking — Caminhada/Trilha
Cycling — Passeio de bicicleta
Diving — Mergulho
Climbing — Escalada
Rafting — Descer corredeiras de bote

Agora converse um pouco com seus colegas sobre esportes de aventura. Algumas sugestões:

> **Do you like adventure sports?**
> **What is your favourite adventure sport?**
> **Which adventure sports are you afraid of? Why?**

5 EXERCISES

A. Translate the following sentences to English (Traduza as frases abaixo para o inglês).

1. Eu fui para a praia essa manhã.

_____

2. Eu falei com o gerente ontem à noite

_____

3. A seleção brasileira venceu a Copa do Mundo de 2002.

_____

4. Jordan jogou basquete na universidade.

_____

5. Eles jogaram bem, mas perderam o jogo.

_____

6. Eu torci para o Flamengo, mas eles perderam a partida.

_____

7. Eu fiz minha lição de casa.

_____

8. Sr. Jones foi ao Maracanã. Ele tinha dois ingressos para a partida.

_____

B. Complete the sentences with the appropriate verb in the _simple past_ (Complete as frases com o verbo mais apropriado, no passado simples).

WATCH   SUPPORT   WIN   HAVE   DO   GO   SPEAK   LOSE

1. I _____ a lot of exercises last week.

2. The coach _____ with the players about the game.

3. Roger _____ to the USA to play in a tennis tournament.

4. Mary _____ a great horror movie yesterday in the movie theatre.

5. To play soccer again, Ronaldo _____ to exercise a lot.

6. Luiggi _____ Milan when he was a child.

7. Zico is happy because Flamengo _____ the match against Fluminense.

8. Argentina played very well, but _____ the game against Brazil.

C. Complete the sentences with the most appropriate form of the verb in parenthesis (Complete as frases com forma mais apropriada do verbo entre parênteses).

1. I _____ to a basketball match yesterday evening. (GO) ▶

2. Mary _____ England in the next World Cup. (SUPPORT)

3. Mr. Jones, are you OK? No, I _____ my wallet in the stadium! (LOSE)

4. Don't worry mom. I _____ my homework tomorrow morning. (DO)

5. Would you like to _____ with the manager, Sir? (SPEAK)

6. With Ronaldinho in our team, I am sure we _____ the match tomorrow. (WIN)

7. We want to _____ a game in the Morumbi Stadium. (WATCH)

8. I want to _____ the new Brad Pitt movie. Do you want to _____ with me? (WATCH/COME)

9. Your check-out is ready, Sir. I hope you _____ a nice stay at our hotel. (HAVE)

10. Lisa and Jack _____ to the concert hall yesterday, to see U2. (GO)

6 USEFUL SENTENCES

1. **The event/game is about to start** — O evento/jogo já vai começar.
2. **The match starts at...** — A partida começa as...
3. **Where can I play...?** — Onde eu posso jogar...?
4. **What kind of movie do you like?** — Que tipo de filme você gosta?
5. **What is your favorite...** — Qual é o seu ... favorito?
6. **Are you interested in...** — Você tem interesse em...?
7. **What team do you support?** — Para que time você torce?
8. **Who will play?** — Quem vai jogar?

7 LISTENING PRACTICE (LISTENING)

A. **DOIS TURISTAS INGLESES** estão hospedados no hotel que Ian trabalha, no Rio de Janeiro. Eles querem algumas informações sobre esportes e lazer. Ouça o diálogo e, sem ler o texto abaixo, tente identificar quais das *useful sentences* aparecem. Depois ouça novamente acompanhando o texto.

Tourist 1: **Hello mate!**

Ian: **Good morning, Sir.**

Tourist 1: **We want to do something fun today! What do you suggest?**

Ian: **Well, are you interested in sports?**

Tourist 2: **Yes, sure! We love sports, especially football!**

Ian: **You are lucky! Today there will be a great football match.**

Tourist 2: **Who will play?**

Ian: **Flamengo and Fluminense. They are big rivals.**

Tourist 1: **I know them. They are very famous. I watched their match on TV last year.**

Tourist 2: **Great! Let's go to this game! Where is going to be?**

Ian: **Maracanã Stadium. The match starts at four.**

Tourist 1: **Perfect! I always wanted to go to the Maracanã Stadium!**

B. Em dupla, releia o diálogo acima. Cada aluno é responsável por um personagem.

C. Agora converse com os seus colegas:

What team do you support?

Do prefer to watch a soccer match on the stadium or on TV? Why?

What is your favourite sport? Why?

8 GRAMMAR: SIMPLE PAST (NEGATIVE AND INTERROGATIVE FORMS)

AO CONTRÁRIO DA FORMA AFIRMATIVA, onde usamos apenas o verbo principal no passado, para formar o *simple past* nas formas interrogativa e negativa utiliza-se o verbo auxiliar *did*. Veja no exemplo, que usamos o *did+not (didn't)* na forma negativa e o *did* antes do verbo na forma interrogativa.

Afirmative	Negative	Interrogative
I played	I didn't play	Did I play?
You played	You didn't play	Did you play?
He played	He didn't play	Did he play?
She played	She didn't play	Did she play?
We played	We didn't play	Did we play?
You played	You didn't play	Did you play?
They played	They didn't play	Did they play?

 Observe que quando usamos o *did,* o verbo volta à sua forma natural.

EX.: *I **played** soccer yesterday.*

*I didn't **play** soccer yesterday.*

*Did you **play** soccer yesterday?*

9 CONVERSATION SKILLS: WHAT KIND OF MOVIE DO YOU LIKE?

ASSISTIR A UM BOM FILME também é uma forma muito comum de entretenimento. Conheça os diferentes gêneros de filmes, em inglês:

Comedy — Comédia

Thriller — Suspense

Animation — Animação

Adventure — Aventura

Western — Faroeste

Horror — Terror

Science fiction — Ficção científica

Action — Ação

Drama — Drama

Documentary — Documentário

Agora converse um pouco com seus colegas sobre cinema. Algumas sugestões:

> **What kind of movie do you like?**
>
> **What is your favorite movie?**
>
> **Who is your favorite actor/actress?**

10 EXERCISES

D. Translate the following sentences to English (Traduza as frases abaixo para o inglês).

1. A partida começa às três da tarde.

_____

2. Qual é o seu esporte favorito?

_____

3. Para que time você torce? Eu torço para o Barcelona.

_____

4. Quem está jogando hoje?

_____

5. Nós praticamos mergulho e escalada.

_____

6. Eu jogo futebol toda semana.

_____

E. Change affirmative sentences into interrogative sentences, according to the example (Passe as frases da forma afirmativa para a forma interrogativa, de acordo com o exemplo).

EX.: *Mary watched a movie yesterday.*
   Did Mary watch a movie yesterday?

1. Homer traveled to the USA yesterday.

_____

2. U2 played in the concert hall.

_____ ▶

3. Uncle Jack won a free ticket to the movie theater.

_____

4. Johnson did his job very well.

_____

F. Change affirmative sentences into interrogative and negative sentences, according to the example (Passe as frases da forma afirmativa para a forma interrogativa e negativa, de acordo com o exemplo)

EX.: *George enjoyed the game yesterday.*
   Did George enjoy the game yesterday? No, he didn't enjoy the game yesterday.

1. Michael played volley last weekend.

_____

_____

2. Mary watched the game on TV.

_____

_____

3. Arnold went to the football stadium last week.

_____

_____

4. Madonna played on the Pacaembú Stadium last year.

_____

_____

5. Mr. Jones supported Fluminense on the last game.

_____

_____

11 INTERESTING FACTS: WORLD CUP 2014

COM CERTEZA VOCÊ SABE que a Copa do Mundo de 2014 será no Brasil. Conheça um pouco mais sobre as cidades-sede e os estádios que irão abrigar esse grandioso evento.

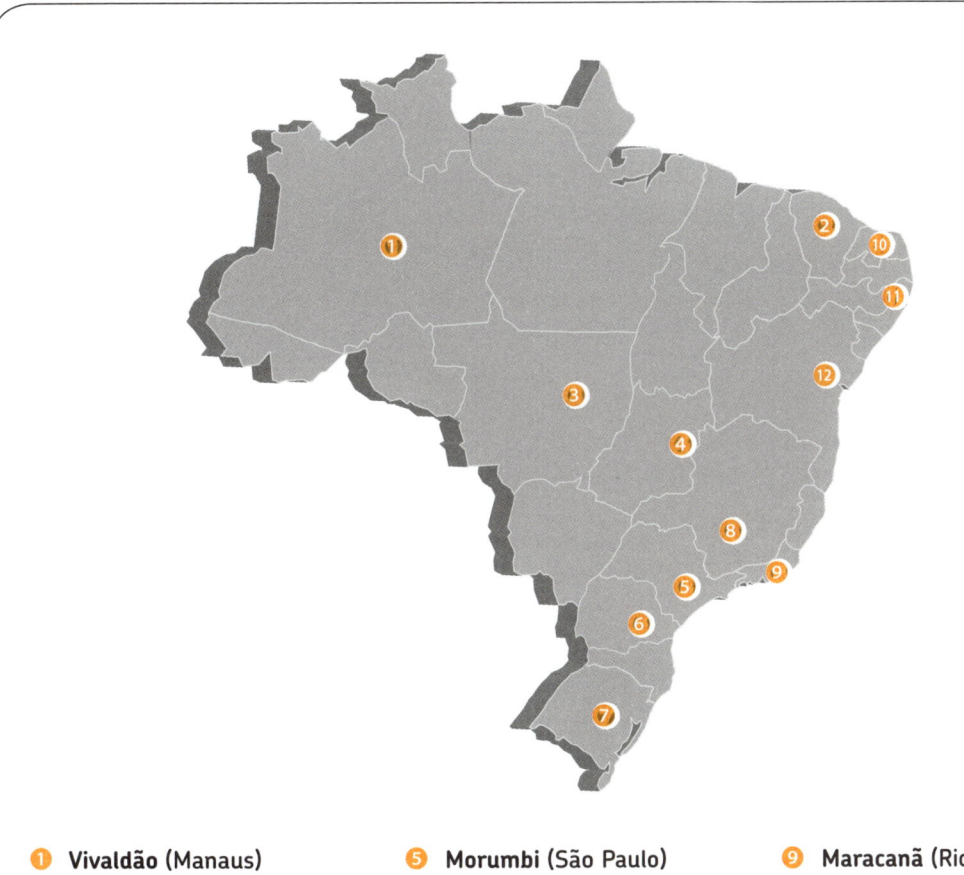

① Vivaldão (Manaus)
Future capacity: 48,000
Investments: R$500 milion

② Castelão (Fortaleza)
Future capacity: 53,000
Investments: R$400 milion

③ Verdão (Cuiabá)
Future capacity: 42,500
Investments: R$430 milion

④ Mané Guarrincha (Brasilia)
Future capacity: 70,000
Investments: R$530 milion

⑤ Morumbi (São Paulo)
Future capacity: 53,000
Investments: R$400 milion

⑥ Arena da Baixada (Curitiba)
Future capacity: 41,375
Investments: R$370 milion

⑦ Beira Rio (Porto Alegre)
Future capacity: 56,000
Investments: R$60 milion

⑧ Mineirão (Belo Horizonte)
Future capacity: 70,000
Investments: R$400 milion

⑨ Maracanã (Rio de Janeiro)
Future capacity: 87,000
Investments: R$400 milion

⑩ Arena das Dunas (Natal)
Future capacity: 45,000
Investments: R$300 milion

⑪ Cidade da Copa (Recife)
Future capacity: 46,000
Investments: R$500 milion

⑫ Fonte Nova (Salvador)
Future capacity: 55,000
Investments: R$400 milion

14
Business Communication

1 VOCABULARY: BUSINESS COMMUNICATION

ALÉM DE VIAJAR A LAZER, muitas pessoas viajam também a negócios. Por isso, o profissional de turismo precisa conhecer alguns termos importantes acerca desse tema.

Company — Empresa
Job — Emprego/Trabalho
Manager — Gerente
Employee — Empregado
Meeting — Reunião
Deadline — Prazo
Branch — Filial
Meeting room — Sala de reuniões
Business — Negócios

Office — Escritório
Director — Diretor
Boss — Chefe
Employer — Empregador
Co-worker — Colega de trabalho
Busy — Ocupado
Head office — Sede da empresa
Presentation — Apresentação

Conduzir e organizar conferências e reuniões também faz parte do dia a dia do profissional de turismo. Conheça alguns termos importantes sobre esse assunto:

Conference — Conferência
Speech — Palestra
Conference hall — Sala de conferência
Entrance — Entrada
Projector — Projetor
Microphone — Microfone

Event — Evento
Workshop — Palestra/Oficina
Auditorium — Auditório
Exit — Saída
Screen — Tela
Board — Quadro

Agora conheça o nome de alguns objetos importantes encontrados em um escritório:

Sampler	Puncher	Scissor
Paper clip	Pen	Pencil
Trash bin	Printer	Keyboard
Notepad	Monitor	Coffee machine

Don't Forget!

Verbos importantes quando o assunto for negócios:

Schedule — Agendar
Organize — Organizar
Receive — Receber

Negotiate — Negociar
Send — Enviar
Confirm — Confirmar

2 SPEAKING TO THE TOURISTS

AGORA QUE VOCÊ JÁ CONHECE algumas palavras relacionadas a negócios, pratique os dois diálogos abaixo com um colega, substituindo as palavras sublinhadas pelos termos mais apropriados.

DIALOG 1

Student 1: Hi! I am from Mitsuo Motors. I have a **meeting** at 7 pm. Do you know where it is?

Student 2: Sure. It is on **auditorium** number two, on the third floor.

Conference hall	Conference	Auditorium
Meeting	Speech	Meeting room

DIALOG 2

Student 1: Excuse me. I am in meeting room three and the **projector** is not working. Can you help me?

Student 2: Sure, I will check that with my **boss**.

Screen	Manager	Projector
Boss	Microphone	Co-worker

3 GRAMMAR: ADVERBS OF FREQUENCY

OS ADVÉRBIOS DE FREQUÊNCIA, como o próprio nome já diz, são usados para expressar com que frequência uma ação é realizada. Vamos ver alguns dos advérbios mais usados na língua inglesa:

Frequency adverbs	
Always	Sempre
Usually	Normalmente
Often	Frequentemente
Sometimes	Às vezes
Seldom	Raramente
Rarely	Raramente
Never	Nunca

 Os advérbios de frequência são sempre usados entre o sujeito e o verbo principal.

EX.: *I often have meetings.*   *I never go to conferences.*

Porém, quando utilizados com o verbo *to be*, eles aparecem depois do verbo.

EX.: *Mary is always busy.*   *The manager is rarely in his office.*

Don't Forget!

Alguns termos usados em conjunto com os advérbios de frequência:

How often: Com que frequência
Once: Uma vez
Twice: Duas vezes
Three times: Três vezes
Once a day: Uma vez por dia
Once a week: Uma vez por semana
Once a month: Uma vez por mês
Once a year: Uma vez por ano

4 CONVERSATION SKILLS: HOW OFTEN?

VAMOS USAR AS EXPRESSÕES que aprendemos para expressar frequência.

1. Converse com seus colegas sobre seus hábitos. Pergunte a eles:

How often do you travel?

How often do you go to the airport?

How often do you negotiate with clients?

How often do you have business meetings?

How often do you speak English?

2. Agora, diga para um colega de turma algo que você: sempre faz, nunca faz e às vezes faz.

5 EXERCISES

A. Translate the following sentences to English (Traduza as frases abaixo para o inglês).

1. Com que frequência você viaja? Eu viajo duas vezes por ano.

_____

2. Com que frequência você trabalha? Eu trabalho todos os dias.

_____

3. Com que frequência você tem reuniões? Eu raramente tenho reuniões.

_____

4. Com que frequência você fala inglês? Eu falo inglês frequentemente.

_____

5. Com que frequência você pega ônibus? Eu pego ônibus às vezes.

_____

B. Complete the sentences below with the most appropriate adverbs of frequency (Complete as frases abaixo, com o advérbio de frequência mais apropriado).

RARELY   ALWAYS   NEVER   OFTEN

1. Mr. Jones goes to the movie theater once a month. He _____ goes to the movie theater.

2. Jackson has business meetings three times a week. He _____ has business meetings.

3. Mr. Mitsuo is a very important executive and works a lot. He is _____ very busy.

4. Luis is on time for work everyday. He is _____ late for work.

6 USEFUL SENTENCES

1. **I would like to schedule a meeting** — Eu gostaria de agendar uma reunião.
2. **You can use our business facilities** — Você pode usar nossa sala de escritório.
3. **I want to talk to the manager** — Eu quero falar com o gerente.
4. **Sorry, he is busy at the moment** — Desculpe, ele está ocupado no momento.
5. **Would you like to leave a message?** — Você gostaria de deixar uma mensagem?
6. **You will have to talk to the manager** — Você terá que conversar com o gerente.
7. **I will fix this as soon as possible** — Vou solucionar o problema o mais rápido possível.
8. **I call you back** — Eu vou retornar/Eu te ligo de volta.

7 LISTENING PRACTICE (LISTENING)

A. **George precisa agendar** uma reunião com Ian, o gerente do hotel. Leia o diálogo abaixo e tente completar as lacunas com palavras que você aprendeu nas *useful sentences* acima. Depois, ouça o diálogo e confira suas respostas.

Receptionist: **Good morning, Green Park Hotel. How can I help you?**

George: **Hello, this is George Harper from Mitsuo Motors. I want to talk to Ian, the hotel manager please.**

Receptionist: **Oh... Hello Mr. Harper! Sorry, _____ Would you like to leave a message?**

George: **Yes, _____ a meeting with him.**

Receptionist: **No problem. When do you want to have this meeting, Sir?**

George: **Can it be tomorrow afternoon?**

Receptionist: **Only after five. Is that OK for you, Sir?**

George: **Sure. At five is perfect. Can I use _____?**

Receptionist: **Of course. I will book a business room for you.**

George: **Thank you very much!**

B. Agora, em dupla, releia o diálogo acima. Cada aluno é responsável por um personagem.

8 GRAMMAR: PRESENT CONTINUOUS

O *PRESENT CONTINUOUS* é utilizado para descrever uma situação que está ocorrendo agora, no momento da fala. É uma ação que está em desenvolvimento. Equivale ao gerúndio no português.

Present continuous	
I am working	Eu estou trabalhando
Mary is having a shower	Mary está tomando banho
We are studying English	Nós estamos estudando inglês
George is booking a flight	George está reservando um voo

 O *present continuous* é formado da seguinte forma:

verbo *to be* + verbo principal + ing

EX.: *I **am going** home.*

*He **is taking** a shower.*

9 WRITING PRACTICE

ESCREVA UMA MENSAGEM a um cliente agendando uma reunião de negócios. Identifique-se, mencione o motivo da reunião, assuntos a serem discutidos, data, hora e local.

_____

_____

_____

_____

_____

_____

_____

_____

_____

_____

_____

_____

10 EXERCISES

C. Translate the following sentences to English (Traduza as frases abaixo para o inglês).

1. Joane está trabalhando agora.

_____

2. Eu estou enviando o e-mail.

_____

3. Peter está chamando o gerente.

_____

4. Eles estão conversando com o chefe.

_____

5. O projetor está funcionado agora, senhor.

_____

6. Vocês estão trabalhando?

_____

D. Change the sentences from the simple past to present continuous, according to the example (Passe as frases do passado simples para o presente contínuo, de acordo com o exemplo).

EX.: _Jake **worked** yesterday_
   Jake is working now.

1. I called you yesterday.

_____

2. The manager scheduled a meeting yesterday.

_____

3. They received my message last week.

_____

4. The projector worked well yesterday.

_____

E. Complete the sentences with the most appropriate form of the verb in parenthesis (Complete as frases com a forma mais apropriada do verbo entre parênteses).

1. Mr. Ian is not here. He _____ to a customer at the moment. (TALK)

2. Martin is not in the office today. He _____ you tomorrow morning. (CALL)

3. Mrs. Judith is not in the house. She _____ to Europe yesterday. (TRAVEL)

4. Don't worry Mr. Jones, I _____ your ticket right now! (BOOK)

15

Geography, Weights and Measures

CONHECER A GEOGRAFIA de um local é fundamental para quem trabalha com turismo. Vamos ver alguns termos muito importantes ligados a esse assunto:

Land — Terra	**Island** — Ilha	**Lake** — Lago
Mountain — Montanha	**Hill** — Colina/Morro	**Sea** — Mar
Ocean — Oceano	**Sky** — Céu	**Bay** — Baía
Waterfall — Cachoeira	**Forest** — Floresta	**Wood** — Bosque
Desert — Deserto	**Grass** — Grama	**Sand** — Areia

Agora vamos ver algumas palavras importantes relacionadas a pesos e medidas:

Weight — Peso

Pound — Libra

Meter — Metro

Mile — Milha

Long — Longo

Tall — Alto (pessoas, prédios)

Kilogram — Quilo

Distance — Distância

Kilometer — Quilômetro

Height — Altura

Short — Curto, baixo

High — Alto (todos os demais)

> Tip! **Você sabe a diferença entre os sistemas métricos?**
>
> À exceção dos EUA, todos os outros países utilizam o sistema métrico internacional. Nos EUA, usa-se milha ao invés de quilômetro, *pound* ao invés de quilo e *gallon* ao invés de litro. (1 km = 0,62 mi, 1kg = 2,20 lbs e 1L = 0,26 gal).

2 SPEAKING TO THE TOURISTS

USANDO SOMENTE as palavras do quadro abaixo, complete a descrição da cidade do Rio de Janeiro:

Rio is a really beautiful _____, built by the Atlantic _____ surrounding the Guanabara _____. The city is famous for its white _____ beaches and blue _____. Rio has many attractions, including the Sugar Loaf _____, Rodrigo de Freitas _____ and the Tijuca _____. A few hours from Rio, is located the Agra dos Reis _____, formed by more than 50 different _____.

| Islands | Lake | Bay | Forest | Archipelago |
| Mountain | Sky | Ocean | Sand | City |

3 GRAMMAR: COMPARATIVE ADJECTIVES

QUANDO QUEREMOS COMPARAR COISAS OU PESSOAS, utilizamos os adjetivos na sua forma comparativa. O comparativo ocorre de duas formas: adicionado o termo *more* na frente de adjetivos longos ou "er" após os adjetivos curtos. Veja os exemplos:

Adjetivos longos	
Beautiful (bonito)	More beautiful (mais bonito)
Expensive (caro)	More expensive (mais caro)
Important	More important
Intelligent	More intelligent

Adjetivos curtos	
Old (velho)	Older (mais velho)
Big (grande)	Bigger (maior)
Small	Smaller
Cheap	Cheaper

 Quando fazemos uma comparação direta entre dois objetos ou pessoas, usamos o termo *than* depois do adjetivo.

EX.: *São Paulo is **bigger than** Curitiba.*

*Mary is more **beautiful than** her sister.*

*I am **older than** you.*

Existem, porém, algumas exceções à regra. Alguns adjetivos têm comparativo irregular.

Adjetivos irregulares	
Good	Better
Bad	Worst

EX.: *This hotel **is better** than the other.*

*My car **is worst** than yours.*

Don't Forget!

Adjetivos longos *vs* curtos

São considerados adjetivos curtos, aqueles compostos por até duas sílabas. São considerados adjetivos longos, os que possuem três ou mais sílabas.

4 CONVERSATION SKILLS: NATURAL DISASTERS

VAMOS FALAR um pouco sobre desastres naturais. Aqui estão alguns dos desastres naturais mais conhecidos:

Hurricane — Furacão

Mudslide — Deslizamento

Draught — Seca

Earthquake — Terremoto

Flood — Enchente

Storm — Tempestade

Agora, discuta com seus colegas:

What are the most common natural disasters in Brazil?

Which natural disaster are you most afraid of?

Do you know anybody who experienced a natural disaster? Who?
Do you think climate change is causing more natural disasters?

5 EXERCISES

A. Write the comparatives of the following adjectives (Escreva o comparativo dos adjetivos abaixo):

1. Tall — **Taller**

2. Expensive — _____

3. High — _____

4. Cold — _____

5. Good — _____

6. Happy — _____

7. Beautiful — _____

8. Intelligent — _____

9. Nice — _____

10. Big — _____

11. Bad — _____

12. Old — _____

B. Translate the following sentences to English (Traduza as frases abaixo para o inglês).

1. O Brasil é maior que a Venezuela.

_____

2. As Cataratas do Iguaçu são mais altas que as Cataratas do Niágara.

_____

3. O Porsche é mais caro que o Volvo.

_____

4. Esse restaurante é mais caro do que o outro.

_____

5. Curitiba é mais fria que São Paulo.

_____

6. Tom Cruise é mais famoso que Will Smith?

_____

6 GRAMMAR: SUPERLATIVE ADJECTIVES

USAM-SE OS SUPERLATIVOS, para dizer que algo é superior a todos os demais elementos sendo comparados. Da mesma forma que nos comparativos, os adjetivos são divididos em longos e curtos. Adiciona-se *most* diante dos adjetivos longos e "est" ao final dos adjetivos curtos.

Adjetivo	Comparativo	Superlativo
Big (grande)	Bigger (maior)	Biggest (o maior)
Tall (alto)	Taller (mais alto)	Tallest (o mais alto)
Large	Larger	Largest
Small	Smaller	Smallest
High	Higher	Highest
Old	Older	Oldest
Cheap	Cheaper	Cheapest
Beautiful	More beautiful	The most beautiful
Expensive	More expensive	The most expensive
Important	More important	The most important

 Entenda a diferença entre comparativo e o superlativo: o comparativo trata sempre de dois ou mais elementos. O superlativo compara um elemento com todos os demais.

EX.: *Mary is **taller than Anne and Carol**.*
*Mary is **the tallest** student in the **class**.*

*The Amazon is **bigger than** the**Tietê**.*
*The Amazon is **the biggest** river in **Brazil**.*

Os superlativos também têm exceções:

Adjetivo	Comparativo	Superlativo
Good (bom)	Better (melhor)	Best (o melhor)
Bad	Worst	Worst

 7 LISTENING PRACTICE (LISTENING)

A. ALGUNS TURISTAS ESTÃO VISITANDO o Rio de Janeiro em uma excursão. Ouça o diálogo, primeiro sem ler o texto, depois ouça novamente acompanhando o texto.

Tour guide: **Good morning guys! Welcome to the most beautiful city in the world, Rio de Janeiro!**

Tour guide: **We are now in front of the Copacabana Palace, the most famous hotel in the city. It's located in the Copacabana beach, the busiest beach in Rio. That mountain in front of us is one of the most famous sights in the city, the Sugar Loaf.**

Tourist 1: **Are we going to see the Christ?**

Tour guide: **Sure, the Christ is a landmark of Rio and the tallest statues in Brazil. It is also one of the seven new wonders of the world... OK guys, now we are going to have a lunch**

break in a restaurant in Ipanema. In the afternoon, we'll visit the city center and the Maracanã Stadium, the biggest soccer stadium in Brazil.

Tourist 1: Oh great! I always wanted to visit the Maracanã.

Tourist 2: Excuse me, will we visit Niterói?

Tour guide: Unfortunately not. But if you are interested, talk to me later. I can recommend you the best tour.

B. Em dupla, releia o diálogo acima. Cada aluno é responsável por um personagem.

8 CONVERSATION SKILLS: WHAT WAS THE...?

VAMOS FALAR UM POUCO sobre lugares que você já esteve. Em grupo, discuta os seguintes itens:

> What was the biggest city you ever visited?
>
> What was the most beautiful beach you ever been? Where was it?
>
> What was the highest mountain you ever seen? Where was it?
>
> What was the hottest place that you visited? How hot it was?

9 READING ACTIVITY

A. LEIA O TEXTO ABAIXO, marcando as palavras que você não entendeu.

BRAZILIAN SUPERLATIVES

Brazil is the 5th largest country in the world and is blessed with a unique landscape. Let's take a look on some of the superlatives of the Brazilian geography...

Pico da Neblina is the highest mountain in Brazil. It's three thousand meters high and it's located in the north of the Amazonas State.

São Joaquim is the coldest city in Brazil. Located in the Rio Grande do Sul State, in winter the lowest temperature can reach –10 degrees. Tourists like to visit the city to see the snow.

147

The Amazon is the second largest river in the world, and the largest in terms of water volume. It represents 68% of all sweet water available in Brazil.

Although very famous, the Iguazu Falls are not the highest waterfall in Brazil. The highest is the El Dorado Waterfall, located in the Amazon Forest, with an altitude of 353 meters.

B. Em grupo, responda as seguintes perguntas:

In which state is located the highest mountain in Brazil? What is its height?

Which is the coldest city in Brazil? How cold can it be in winter?

Why tourists like to visit São Joaquim?

How much of the total Brazilian sweet water is located in the Amazon River?

What is the highest waterfall in Brazil? Where it is located? What is its height?

10 EXERCISES

C. Write the superlative of the following adjectives (Escreva o superlativo dos adjetivos abaixo):

1. Tall — **Tallest**

2. Expensive — _____

3. High — _____

4. Cold — _____

5. Good — _____

6. Happy — _____

7. Beautiful — _____

8. Intelligent — _____

9. Nice — _____

10. Big — _____

11. Bad — _____

12. Old — _____

D. Translate the following sentences to English (Traduza as frases abaixo para o inglês).

1. São Paulo é a maior cidade do Brasil.

_____

2. Pelé é o mais famoso jogador de futebol do mundo.

_____

3. Esse é o restaurante mais caro da cidade.

_____

4. Essa é a cidade mais bonita do mundo.

_____

5. Curitiba é a capital mais fria do Brasil.

_____

6. Esse é o prédio mais alto da cidade?

_____

▶

E. Write the comparative and superlative of the adjectives in parenthesis, according to the example (Escreva o comparativo e o superlativo dos adjetivos entre parênteses, de acordo com o exemplo).

EX.: *John - 1,72m; Mark - 1,77m; Chris - 1,90m. (Tall)*

Mark is taller than John. Cris is the tallest of all.

1. Carol — 12 years old; Lucy — 17 years old; Ana — 22 years old. (OLD)

_____

2. Fiat — R$27 thousand; Honda — R$68 thousand; Mercedes — R$97 thousand (EXPENSIVE)

_____

3. Curitiba — 2,5 million people; Rio — 7 million people; São Paulo — 21 million people (BIG)

_____

4. John — 1,72m; Mark — 1,77m; Chris — 1,90m. (Short)

_____

A1

Appendix I

COUNTRIES AND NATIONALITIES

ABAIXO SE ENCONTRA uma lista detalhada de países e suas respectivas nacionalidades:

Country	Nationality	Country	Nationality
Argentina	Argentinean	Ireland	Irish
Austria	Austrian	Italy	Italian
Australia	Australian	Japan	Japanese
Brazil	Brazilian	Mexico	Mexican
Bolivia	Bolivian	New Zealand	New Zealander
Canada	Canadian	Paraguay	Paraguayan
Chile	Chilean	Peru	Peruvian
China	Chinese	Poland	Polish
Colombia	Colombian	Portugal	Portuguese
Ecuador	Ecuadorian	Russia	Russian
Egypt	Egyptian	Spain	Spanish
England	English	Sweden	Swedish
France	French	Thailand	Thai
Germany	German	Turkey	Turkish
Greece	Greek	United States	American
Holland	Dutch	Uruguay	Uruguayan
India	Indian		

IRREGULAR VERBS

LISTA DOS PRINCIPAIS VERBOS irregulares da língua inglesa no presente e no passado:

Present	Past
Bring	Brought
Buy	Bought
Come	Came
Cut	Cut
Do	Did
Drink	Drunk
Drive	Drove
Eat	Eat
Fly	Flew
Fall	Fell
Feel	Felt
Get	Got
Give	Gave
Go	Went
Grow	Grew
Have	Had
Hear	Heard
Lose	Lost

Present	Past
Make	Made
Meet	Met
Put	Put
Read	Read
Ride	Rode
Run	Ran
See	Saw
Sell	Sold
Sit	Sat
Sleep	Slept
Speak	Spoke
Spend	Spent
Take	Took
Teach	Taught
Tell	Told
Think	Thought
Wear	Wore
Write	Wrote

COMPARATIVE AND SUPERLATIVE ADJECTIVES

LISTA DE ADJETIVOS CURTOS e suas respectivas formas comparativas e superlativas:

Adj.	Comp.	Superl.
Big	Bigger	Biggest
Busy	Busier	Busiest
Cheap	Cheaper	Cheapest
Clean	Cleaner	Cleanest
Cold	Colder	Coldest
Cool	Cooler	Coolest
Heavy	Heavier	Heaviest
High	Higher	Highest

Adj.	Comp.	Superl.
Hot	Hotter	Hottest
Large	Larger	Largest
Light	Lighter	Lightest
Long	Longer	Longest
New	Newer	Newest
Nice	Nicer	Nicest
Old	Older	Oldest
Pretty	Prettier	Prettiest

Adj.	Comp.	Superl.
Short	Shorter	Shortest
Slow	Slower	Slowest
Small	Smaller	Smallest
Tall	Taller	Tallest
Thin	Thinner	Thinnest
Ugly	Uglier	Ugliest
Warm	Warmer	Warmest
Young	Younger	Youngest

A2

Appendix II

ANSWERS TO THE EXERCISES

LESSON 1

A) 1.is 2.is 3.am 4.is 5.is 6.is 7.is 8.are 9.are 10.is

B) 1.Hello, my name is Mary. I am a student. 2.Good morning. I am Mr. Jones. 3.Good evening, Sir. Nice to meet you. 4.Olá. Qual é o seu nome? 5. Mary is a student and Mr. Jones is a taxi driver. 6.They are students.

C) 1.Good morning. How are you? 2.I am fine, thank you. And you? 3.I am great! 4.What is your name? 5.My name is Mary. What is your name? 6.My name is Mr. Jones. Nice to meet you Mary. 7.Nice to meet you Mr. Jones. 8.Bye-bye, see you!

LESSON 2

A) 1.Is 2.Are 3.Is 4.Are 5.Am 6.Are 7.is 8.are 9.is 10.are

B) 1.Where is Mary? 2.Where are you? 3.Who are you? 4.Who is Mr. Jones? 5.Hey man! How are you? 6.Thanks man. Take care!

C) 1.Hello Mr. Jones. What is your profession? 2.I am a taxi driver. And you, what is your profession? 3.I am a hotel manager. 4.Nice. Where are you from? 5.I am from the United States. 6.Cool! Welcome to Brazil.

D) 1.He is from Germany 2.She is from Switzerland 3.They are from Spain 4.He is from Canada 5.I/They are from Japan 6.She is from South Africa 7.They are from Australia.

E) 1.a 2.an 3.an 4.a 5.a 6.a 7.an 8.a 9.an 10.an 11.a 12.a

LESSON 3

A) A.Eight, seven, five, six — four, two, four, one. B. Double five, double six — eight, two, zero, one. C. Five, three, double nine — double five, double four. D. Eight, zero, seven, four — double two, nine, three.

B) 1. I am young. 2. I am not old. 3. Mary is a good student. 4. Mary is not a bad student. 5. He is small. 6. He is not big.

C) A. Twenty-five B. Fourty C. Seventy-two D. One hundred and twenty E. Two hundred F. Three hundred and forty four G. Four hundred and one H. Four hundred and fifty I. Six hundred and seven. J. Eight hundred and thiry one. K. One thousand one hundred. L .Five thousand M.One hundred thousand N.Two hundred and thirty four thousand eight hundred and fifty

D) 1. How old are you? I am thirty two years old. 2. How old is Mary? Mary is twenty-five years old. 3. Is Elisabeth Taylor young? No, she is seventy nine years old. 4. What is your phone number? My number is three, two, five three — five, two, zero, four. 5. Sorry, I am busy. I call you later. 6. Where is Mr. Jones? He is on the fourth floor. 7. Is this the first floor? No, this is the second floor. 8. Today is the first day of the month.

LESSON 4

A) 1. speaks 2. live 3. has 4. goes 5. do 6. go 7. like 8. have 9. lives 10. live

B) 1. I like soccer. She likes volley. 2. They go to the park everyday. 3. In Brazil we speak Portuguese. In Canada they speak English. 4. I live between the post office and the gasoline station. 5. Mary lives behind the museum, next to the drugstore.

C) 1. Turn right on Main Street, cross Park Avenue. The Supermarket is on the left. 2. Go straight on High Street, turn left on First Street. The Hospital on the right. 3. Turn right on Main Street, cross Park Avenue. The Gas Station is on the right. 4. Go straight on High Street, turn right on First Street, cross Park Avenue. The Stadium is on the left.

D) 1. in 2. in 3. in 4. on 5. on 6. on 7. at 8. on 9. at 10. at/in 11. on/on 12. on/at

LESSON 5

A) 1. Does/like 2. speaks 3. Does/work 4. do 5. Does/live 6. Does/do 7. am 8. Does/live 9. Are 10. Does/have.

B) 1. Do you like soccer/football? 2. Does Mr. Jones work today? 3. Do you have a credit card? 4. I speak English. Do you speak English too? 5. Do they live in Rio de Janeiro? 6. Do you like to go to the movie theater/cinema? 7. How much is this t-shirt? 8. Where is the ATM?

C) 1. How much is the cigarettes? It is four reais. 2. How much is the bag? It is two hundred and fifty reais. 3. How much is the umbrella? It is fifteen reais. 4. How much is the burger? It is seven reais. 5. How much is the beer? It is three reais, 6. How much is the coffee? It is two reais fifty. 7. How much is the ice cream? It is two reais.

D) A. It is nine o'clock. B. It is ten thirty. C. It is twelve o'clock/midday. D. It is thirteen fifteen. E. It is eighteen forty five. F. It is nineteen fifty three. G. It is eleven thirty one. H. It is half past eleven. I. It is a quarter to four. J. Its is a quarter past eight. K .It is twenty past six. L .It is ten past one. M .It is ten to four. N..It is twenty to eleven.

E) 1. Do you work in the morning? No, I work in the evening 2. What day is today? Today is Friday. 3. What time is it? It is eight thirty in the morning. 4. Christmas is in December. 5. Carnaval is in February. 6. I need to buy a t-shirt. 7. Do you have change? 8. Can I pay with credit card? 9. Do you like to travel in January?

LESSON 6

A) 1. No, she doesn't speak French. 2. No, he doesn't live in England. 3. No, we don't have vacancies. 4. No, I don't like Japanese food. 5. No he is not.

B) 1. I don't work in a hostel 2. Mary doesn't work in a inn. 3. The hotel doesn't have a gym. 4. The hotel has a swimming pool, but doesn't have a gym. 5. Is Ian the receptionist? No, he is the manager. 6. Is Mary Brazilian. No, she is not Brazilian. She is English.

C) 1. Sorry. We don't have a room with balcony. 2. Sure, we have a free double room for Saturday. 3. Sorry, we don't have parking valet in this hotel. 4. Sorry, there is no air conditioning in the room.

D) 1.No, it doesn't 2. Yes, we do 3. No, I don't. 4. Yes, I can 5. Yes, we are.

E) Obs.: Existem várias respostas corretas para esse exercício. Seguem algumas sugestões: 1. Hostel, shared room with single bed, sheets and towel. 2. Bungalow, double room with a double bad, air conditioning, balcony and bathtub. 3. Bed and breakfast, single room with double bad, wardrobe, bathtub and alarm clock. 4. Five star hotel, double room with double bad, air conditioning, balcony, cable TV and minibar.

LESSON 7

A) 1. I want prawns with garlic and a beer, please. 2. We have strawberry, pineapple, lemon and orange juice. 3. We don't have soup today Sir, I am sorry. 4. Would you like dessert. We have strawberry, pineapple and chocolate ice cream. 5. I will have the pasta with chicken. To drink, a coke.

B) 1. Can 2. would 3. Can 4. can/could 5. Can/Could.

C) 1. Can I take your order? I want the fish with rice and a beer, please 2. Would you like something to drink? We have lemon and orange juice. 3. Can I have the check, please? Yes, it is R$95. How would you like to pay? 4. I would like a glass of wine. Anything else? Yes, and a glass of water too. 5. Excuse me, where is the toilet/bathroom? The toilet/bathroom in next to the bar. 6. Would you like to order? Yes, I would like a feijoada. 7. Can I help you? Yes, could we have the menu? In a minute, Sir. 8. Would you like some coffee, or desert? No, thank you very much.

LESSON 8

A) 1. My flight leaves at seven in the evening. 2. Her flight arrives at eight in the morning 3. Your flight leaves tomorrow, at two in the afternoon, Sir. 4. Do you prefer an aisle or window seat? 5. My flight number is 122. What is your flight number?

B) 1. his 2. their 3. his 4. your/my

C) 1.hers 2.ours 3.mine 4.their 5.his 6.yours

D) 1. mine/my 2. our/ours. 3. hers/Our 4. His/yours

E) 1.Good morning, Sir. Your flight number is 442. 2. Can I see your passport, please? 3. Which is my boarding gate? 4. Your boarding gate is number two. 5. Hello Mister Kramer. Can I see your visa? 6. Please, remain seated and fasten your seatbelts. 7. Return to your seats and switch off all electronic devices.

F) 1. him 2. her 3. me 4. them

G) 1. He likes to talk to them. 2. She explains the lesson to him. 3. They fly to England every year 4. He likes her, but she doesn't like him.

LESSON 9

A) 1. Mr. Osborne wants a one-way ticket to Buenos Aires. 2. I would like to book a return ticket to Miami. 3. I have to cancel my trip to Peru. 4. Do you prefer to travel on a cruise or to go on a tour to the northeast. 5. Would you like to include a travel insurance in your tour? 6. Mrs. Harper, I would like to confirm your reservation for tomorrow. 7. Do you have discount on the return ticket?

B) 1. Mr. Simpson's seat. 2. Edward's bag. 3. Mr. Bates' hotel. 4. Guanabara's Bay. 5. John and Mary's tickets.

C) 1. John's office 2. Mrs. Adams' dog 3. Mr. Chase's holidays. 4. Schumacher's car. 5. This is my friend's book. 6. Is that Mr. Jones' taxi?

D) 1. You should see this leaflet 2. We should visit Buenos Aires. The tickets are with discount. 3. You should stay in this hotel. It is great. 4. Katherine should travel more. She works too much. 5. Mary shouldn't buy this ticket. It is too expensive. 6. I think everybody should learn English.

E) 1. should live 2. should book 3. should go 4. should sell

F) Obs.: Existem várias respostas corretas para esse exercício. Seguem algumas sugestões: 1. You should buy headache pills. 2. You should call the police 3. You should eat something 4. You should go to Salvador. 5. You should travel to Paris.

LESSON 10

A) 1. I want to rent a car. 2. Where is the garage? 3. She will take a bus. 4. I don't like to walk. I will take the subway. 5. Mr. Jones will drive to Florianópolis tomorrow. 6. Today we will go on foot. Tomorrow we will go by taxi. 7. I would like to rent a boat.

B) 1. will travel 2. will go 3. are 4. will drive 5. will take 6. is

C) 1. Where is the next stop? 2. Which is the next stop? 3. The bus ticket costs two reais. 4. How much is the taxi ride/fare? 5. How long does it take to Rio? 6. It takes two hours 7. Will you drive? 8. No, I will not go by bus. I will go by plane. 9. The museum is close. You can go on foot. 10. How long does it take to Manaus by plane. It takes four hours.

D) 1. will 2. won't/will 3. won't 4. will 5. won't/wil 6. won't/will 7. Will/will

LESSON 11

A) 1. Excuse me, are you a tourism guide? Yes I am. 2. I want to visit that palace! 3. I need to find this church. 4. What do you recommend? I recommend sightseeing. 5. George will visit the beaches tomorrow. 6. Can I see the map, please?

B) 1. children 2. beaches 3. statues 4. museums 5. buses 6. people 7. tourist guides 8. taxi drivers 9. maps 10. wives 11. countries 12. faxes 13. toys 14. women 15. supermen.

C) 1. many 2. much 3. many 4. much 5. many 6. much

D) 1. a little 2. a little 3. a little 4. a few 5. a little 6. a few

E) 1. I suggest you to visit the Oscar Niemeyer Museum. 2. Can you recommend me a good restaurant, please? 3. Can you help me to find the Ibirapuera Park. 4. I am sorry. I don't have much money. 5. São Paulo has many tourist attractions. 6. Few people visit this museum.

LESSON 12

A) 1. I love sunny days! 2. It is very cold today. 3. Do you like spring? Yes, I love it. 4. The weather forecast for today is 30°C. 5. Is cold and rainy today. Bring umbrella and scarf. 6. The forecast for tomorrow is hot and sunny. Bring shorts and t-shirt.

B) 1.was 2. is/was 3. were 4. were 5. is 6.am 7. was 8. was

C) 1. wasn't 2. was 3. was 4. weren't 5. wasn't/was 6. was/was

D) 1. Was it cloudy today? 2. Were we in Rio de Janeiro last Friday? 3. Was she late for work this morning? 4. Was it yesterday a very hot day?

E) 1. How was the weather yesterday? 2. It rains a lot this time of the year. 3. Bring light clothes because is very hot here. 4. How is the weather in Bahia? 5. Berta traveled to Europe last Saturday. 6. I worked yesterday and it was very cold. 7. We were late because of the bad weather.

F) 1. ordered 2. recommended 3. wanted 4. arrived 5. walked 6. needed.

LESSON 13

A) 1. I went to the beach this morning. 2. I spoke to the manager yesterday evening 3. The Brazilian national team won the 2002 World Cup. 4. Jordan played basketball in university. 5. They played well, but lost the game. 6. I supported Flamengo, but they lost the match. 7. I did my homework. 8. Mr. Jones went to the Maracanã. He had two tickets for the match.

B) 1. did 2. spoke 3. went 4. watched 5. had 6. supported 7. won 8. lost

C) 1. went 2. will support 3. lost 4. will do 5. speak 6. will win 7. watch 8. watch/go 9. had 10. went

D) 1. The match starts at three in the afternoon. 2. What is your favorite sport? 3. Which team do you support? I support Barcelona. 4. Who is playing today? 5. We practice diving and climbing. 6. I play football/soccer every week.

E) 1. Did Homer travel to the USA yesterday? 2. Did U2 play in the concert hall? 3. Did Uncle Jack win a free ticket to the movie theater? 4. Did Johnson do his job very well?

F) 1. Did Michael play volley last weekend? No he didn't play volley last weekend. 2. Did Mary watch the game on TV? No she didn't watch the game no TV. 3. Did Arnold go to the football stadium last week? No he didn't go to the football stadium last week. 4. Did Madonna play in the Pacaembú Stadium last year? No she didn't play in the Pacaembú Stadium last year. 5. Did Mr. Jones support Fluminense on the last game? No he didn't support Fluminense on the last game.

LESSON 14

A) 1. How often do you travel? I travel twice a year. 2. How often do you work? I work everyday. 3. How often do you have meetings. I rarely/seldom have meetings. 4. How often do you speak English. I speak English often. 5. How often do you take a bus? I sometimes take a bus.

B) 1. rarely 2. often 3. always 4. never

C) 1. Joane is working now. 2. I am sending the e-mail. 3. Peter is calling the manager. 4. They are talking to the boss. 5. The projector is working now, Sir. 6. Are you working?

D) 1. I am calling you now. 2. The manager is scheduling a meeting now. 3. They are receiving my message now. 4. The projector is working well now.

E) 1.is talking 2. will call 3. traveled 4. am booking/will book

LESSON 15

A) 1. Taller 2. More expensive 3. Higher 4. Colder 5. Better 6. Happier 7. More beautiful 8. More intelligent 9. Nicer 10. Bigger 11. Worst 12. Older

B) 1. Brazil is bigger than Venezuela. 2. The Iguazu Falls are taller than the Niagara falls. 3. The Porsche is more expensive than the Volvo. 4. This restaurant is more expensive than the other. 5. Curitiba is colder than São Paulo. 6. Is Tom Cruise more famous than Will Smith?

C) 1. Tallest 2. Most expensive 3. Highest 4. Coldest 5. Best 6. Happiest 7. Most beautiful 8. Most intelligent 9. Nicest 10. Biggest 11. Worst 12. Oldest

D) 1. São Paulo is the bigest city in Brazil. 2. Pelé is the most famous soccer player in the world. 3. This is the most expensive restaurant in the city. 4. This is the most beautiful city in the world. 5. Curitiba is the coldest capital in Brazil. 6. Is this the tallest building in the city?

E) 1. Lucy is older than Carol. Ana is the oldest of all. 2. Honda is more expensive than Fiat. Mercedes is the most expensive of all. 3. Rio is bigger than Curitiba. São Paulo is the biggest of all. 4. Mark is shorter than Cris. John is the shortest of all.

Este livro foi impresso em fevereiro de 2011
pela gráfica Cromosete sobre papel offset 90g/m².